DR. JOSE CARIBE
DR. JOSE MARIA CAMPOS

LAS PLANTAS QUE CURAN

Guia Practica para la Epoca Actual

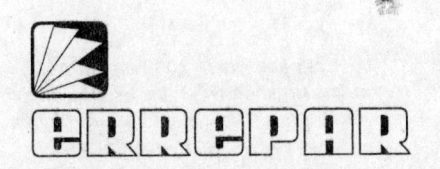

errepar

Título original: Plantas que ajudam o homem

© 1991 Editora Pensamento Ltda.

Traducción: Angela B. Bianculli de Rodríguez
Prefacio: Trigueirinho
Ilustración de tapa: Fedhar

© D.R. ERREPAR S.A.
Avda. San Juan 960 - (1147) Buenos Aires
República Argentina
Tel.: 300-5142 - 307-9394 - Fax: (541) 304-8951 - (541) 304-9541

615	Caribe, José
CAR	Las plantas que curan / José Caribe y José Maria Campos
	1a. ed. - Buenos Aires: Errepar, 1994
	256 p.; 22x17 cm.
	Traducción de: Angela B. Bianculli de Rodríguez
	ISBN 950-739-310-2
	I. Campos, José Maria - II. Título - 1. Terapéutica

Queda hecho el depósito que marca la ley 11723

Impreso y hecho en Argentina
Printed in Argentina

Ninguna parte de esta publicación, incluido el diseño de la tapa, puede ser reproducida, almacenada o transmitida de manera alguna ni por ningún medio, ya sea eléctrico, químico, mecánico, óptico, de grabación o de fotocopia,
sin permiso previo del editor.

Esta edición de 3000 ejemplares
se terminó de imprimir en los talleres de Errepar
en Buenos Aires, República Argentina
en el mes de agosto de 1995

PREFACIO

Las plantas no sólo alimentan, también curan, como parte del servicio que prestan a la Naturaleza, al planeta, al hombre y al plano evolutivo en general. Su tarea junto al ser humano trasciende la de nutrir al cuerpo físico, pues ellas actúan igualmente sobre los cuerpos etérico y astral (o emocional), armonizándolos y purificándolos.

Los alquimistas decían que si una planta es usada viva, su cooperación en la transformación de esos cuerpos sutiles es más intensa; si, además, es aromática, esa facultad se acentúa. Hoy sabemos que su eficacia aumenta aún más si es sembrada, cultivada, cosechada y preparada por individuos entregados a la Ley del Servicio.

Las plantas manifiestan la armonía a través de sus colores y transmutan el aire, el éter y la atmósfera del ambiente en que se encuentran. Un área plantada implica una gran concentración de energía y de trabajo de las fuerzas de la Naturaleza en beneficio del lugar. El vínculo de los hombres con las plantas no ha sido inteligente ni amoroso, salvo en raros casos; por lo tanto, cuando se realiza junto a ellas un trabajo consciente, se facilita la tarea del reino vegetal y la integración del ser humano con la Naturaleza se torna viable.

En la antigüedad, cuando la tecnología estaba encaminada principalmente a la producción de lo esencial, el hombre tenía un comportamiento más cuidadoso en relación con las plantas. En este fin de ciclo, empero, la civilización se inclinó totalmente hacia el consumo, y el respeto por la Naturaleza fue desapareciendo. Eso no impide, con todo, que procuremos una correcta relación con el reino vegetal, preparándonos así para los ciclos futuros, ciclos en los cuales ese reino aportará nuevos ejemplares, más coherentes aun con el desenvolvimiento superior del hombre. Debemos hoy ser conscientes de que reconocer a las plantas como nuestros grandes ayudantes podrá abrirnos las puertas para la comprensión de innumerables misterios ligados a la vida en Armonía.

Trigueirinho

Primera Parte

HORTALIZAS

ACELGA
(Beta vulgaris)

A. PROPIEDADES TERAPEUTICAS
Antiinflamatoria, antiespasmódica, antivomitiva, antihemorrágica, diurética, emoliente, cicatrizante, laxante, antitérmica.

B. INDICACIONES
HOJAS
— Cistitis, cólicos hepáticos y renales, colitis.

Uso INTERNO: Ingerir 1/2 vaso de jugo de acelga y 1/2 vaso de jugo de berro, una vez al día en ayunas.

— Constipación intestinal.

Uso INTERNO: Ingerir 1/2 vaso de jugo y 1 cucharada sopera de aceite de oliva, una vez al día después de la última comida.

— Diarrea sanguinolenta.

Uso EXTERNO: Té por decocción en forma de enema, aplicar dos veces por día.

— Adenitis (inflamación de los ganglios linfáticos), abscesos, forúnculos, quemaduras, contusiones y heridas.

Uso EXTERNO: Cocidas en forma de cataplasma, aplicando dos veces por día en las partes afectadas.

RAICES
— Afecciones febriles.

Uso EXTERNO: Té por decocción, después de haberlas triturado y mezclado con un poco de flores de manzanilla y una cáscara de raíz de malva, en forma de enema, dos veces por día.

SEMILLAS
— Disentería, metrorragia (hemorragia de útero).

Uso INTERNO: Tostadas y molidas, mezcladas con una taza de llantén por infusión en la proporción de una cucharada sopera de semillas por una taza de té, tres veces al día.

C. HABITAT/CULTIVO
Originaria de Europa, la acelga prefiere climas fríos o templados y los terrenos poco ácidos, bien drenados y fértiles. Deben ser plantadas a continuación de las leguminosas, que nitrogenan el suelo.

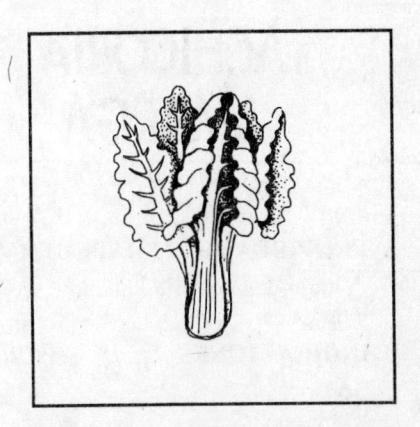

ACHICORIA AMARGA

(Cichorium intybus)

A. PROPIEDADES TERAPEUTICAS

Vitaminizante, mineralizante, colagoga, eupéptica.

B. INDICACIONES

HOJAS

— Avitaminosis A, B y C. Afecciones biliares y hepáticas, dispepsias.

Uso INTERNO: Crudas en forma de ensalada o rehogadas.

C. HABITAT/CULTIVO

Planta originaria de Europa y cultivada casi en todo el mundo. Prefiere climas cálidos entre 12° y 25°. Combina muy bien con batatas y brócoli.

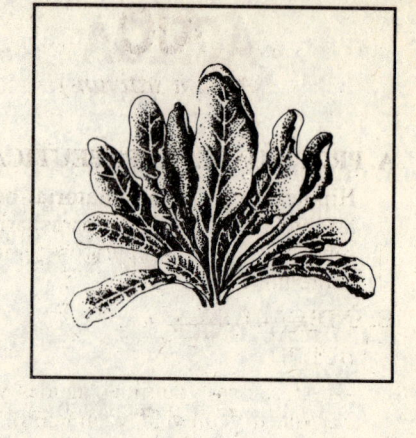

AJO
(Allium sativum)

A. PROPIEDADES TERAPEUTICAS

Hipotensora, antiinflamatoria, béquica, laxante, carminativa, antiparasitaria, antiséptica, diurética, depurativa, emoliente, antitérmica.

B. INDICACIONES

BULBO

— Afecciones catarrales agudas y crónicas (que dificultan la respiración), insomnio, secreciones bronquiales purulentas, tuberculosis pulmonar, hipertensión arterial, diabetes, difteria, reumatismo, tifus, fiebres intermitentes, cistitis, nefritis, litiasis renal y vesicular.

Uso interno: 3 ó 4 dientes por día.

— Ulceras purulentas.

Uso externo: Jugo de ajo diluido en agua, dos lavados diarios.

— Dolor de oídos.

Uso interno: Aplicar un algodón embebido en aceite de oliva hervido con ajo.

C. HABITAT/CULTIVO

Su lugar de origen es Asia Occidental. Se reproduce bien en suelos suaves, ricos en materia orgánica, no subsiste en terrenos pantanosos. Se reproduce mejor con temperaturas entre los 13° y los 24°, pudiendo darse en regiones algo más calientes. Se puede cultivar teniendo como compañeros a: tomate, fresa, remolacha, zanahoria y lechuga. Se debe recoger cuando las hojas comienzan a estar amarillas y secas.

D. OBSERVACIONES

a) Dosis elevadas pueden producir cefalea, vómito, gastralgia, mareos, diarrea y cólico intestinal.

b) Está contraindicado (cuando se ingiere en grandes cantidades) para madres que amamantan, porque puede provocar cólicos intestinales a los bebés.

c) Está contraindicado en hipotensos.

d) El gusto del ajo puede eliminarse si se mastica una cantidad de nueces con unas gotas de aceite de raíz de angélica.

e) El aliento se combate bebiendo jugo de limón en igual cantidad de agua, media hora antes de ingerir el ajo.

f) El olor del ajo es un obstáculo para el contacto del cuerpo etérico del hombre con las vibraciones más sutiles.

ALBAHACA
(Ocimum basilicum)

A. PROPIEDADES TERAPEUTICAS
Estomacal, tónica, antiespasmódica, antidiarreica, emenagoga, diurética, pectoral, béquica.

B. INDICACIONES
HOJAS Y FLORES

— Atonía gástrica e intestinal, vómitos, cólicos intestinales, diarreas, dismenorrea, afecciones de las vías urinarias, afecciones de las vías respiratorias (tos, bronquitis, gripe, etc.).

Uso INTERNO: Té por infusión, ingerir dos tazas tres veces por día.

— Amigdalitis, faringitis, estomatitis, gingivitis, aftas.

Uso EXTERNO: Té por decocción en forma de gárgaras o buches, efectuar tres o cuatro veces al día.

C. HABITAT/CULTIVO
Planta probablemente originaria de Asia, innumerables especies y variedades cultivadas en todo el mundo, prosperando muy bien en Argentina. Reproducción por semilla. Prefiere suelos fértiles, ricos en materia orgánica, permeables y frescos. Debe protegerse de vientos fuertes.

ALCAUCIL
(Cynara scolymus)

A. PROPIEDADES TERAPEUTICAS
Antidiabética, antiesclerosante, colagoga, diurética, antiinflamatoria, antianémica, antiasmática, eupéptica, cardiotónica.

B. INDICACIONES
HOJAS
— Hepatitis, colecistitis, arteriosclerosis.

Uso interno: Té por decocción, en la proporción de 30 grs. de hojas por litro de agua, 1 taza tres veces por día.

BRACTEAS
— Inflamaciones rebeldes, anemia, litiasis renal o vesicular.

Uso interno: Tiernas, crudas o ligeramente hervidas, ingerir dos veces al día, durante algunas semanas.

— Nefritis.

Uso interno: Ingerir caldo mezclado con jugo de limón, de tres a cuatro veces por día.

— Diabetes.

Uso interno: Ingerir al natural juntamente con jugo de limón, 1 taza tres o cuatro veces por día.

— Bronquitis asmática.

Uso interno: Mezclar caldo con jugo de limón y aceite de oliva, ingerir 1 taza tres o cuatro veces por día.

— Hemorroides, prostatitis, uretritis.

Uso interno: Caldo mezclado con jugo de zanahorias y de limón, ingerir 1 vaso, cuatro veces por día.

— Debilidad cardíaca.

Uso interno: Comer brácteas, crudas o cocidas, en forma de ensaladas, acompañadas de jugo de limón.

C. HABITAT/CULTIVO
Originaria de Europa (Mediterráneo). Prefiere suelos silicoarcillosos, de baja acidez y bien drenados. Crece mejor en clima templado. Cosecha: 100 a 140 días después de haberla plantado.

APIO
(Apium graveolens)

A. PROPIEDADES TERAPEUTICAS

Alcalinizante, tónica, emenagoga, carminativa, expectorante, antitérmica, diurética, antianémica, antiasmática, aperitiva.

B. INDICACIONES

HOJAS

— Nefritis, afecciones febriles, dismenorrea.

Uso interno: Ingerir 1 taza de jugo al día, dividida en tres o cuatro veces.

— Colitis crónica, anemias con fuerte disminución del hierro y perniciosas.

Uso interno: Té por decocción, 30 grs. de hojas frescas en 1 litro de agua, endulzado con 1 cucharadita de té de miel; tomar por la mañana a diario en ayunas.

— Contusiones y heridas.

Uso externo: En forma de cataplasma, aplicada dos veces al día en las zonas afectadas.

— Bronquitis asmática.

Uso interno: Té por decocción de las hojas picadas, mezcladas con las de perejil, 1 taza, 3 veces al día.

— Disentería.

Uso interno: Té por decocción, 30 grs. de hojas frescas por litro de agua, endulzado con 1 cucharada de miel, beber diariamente, por la mañana, en ayunas.

RAICES

— Laringitis y bronquitis.

25 grs. de raíz por 1 litro de agua, ingerir 1 taza tres veces al día.

— Ulceras de difícil cicatrización.

Uso externo: Secas y molidas, pulverizar sobre las lesiones, dos veces por día.

SEMILLAS

Las mismas indicaciones que las raíces.

C. HABITAT/CULTIVO

Planta europea proveniente de la región mediterránea. No se adapta a lugares muy cálidos o de fríos prolongados; la temperatura ideal es de 18° a 22° en suelos poco ácidos, suelos fértiles y arenoarcillosos.

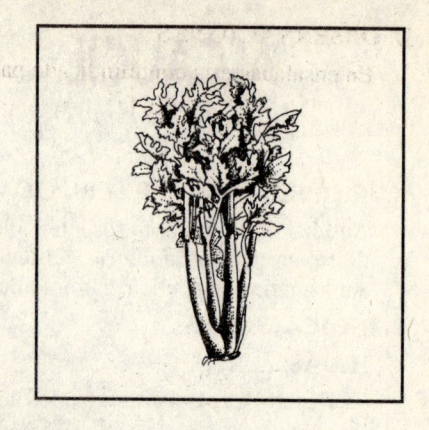

D. OBSERVACIONES
En ensaladas está contraindicado para diabéticos.

BATATA
(Ipomea batatas)

A. PROPIEDADES TERAPEUTICAS
Emoliente, antianémica, mineralizante, vitaminizante, antiinflamatoria.

B. INDICACIONES
HOJAS

— Abscesos, forúnculos.

Uso externo: En forma de cataplasma aplicada dos veces por día.

TUBERCULOS

— Convalecencia, avitaminosis A y C, anemias.

Uso interno: Ingerirlas asadas o al horno diariamente.

C. HABITAT/CULTIVO
Nativa de América, hay informaciones de que era cultivada en México y Perú desde épocas precolombinas. Crece en suelo arenoso, bien drenado y de media acidez. No resiste temperaturas menores de 10°C.

BERENJENA
(Solanum melongena)

A. PROPIEDADES TERAPEUTICAS
Mineralizante, alcalinizante, calmante, emoliente, cicatrizante, antiinflamatoria, digestiva, laxante, diurética.

B. INDICACIONES
HOJAS

— Quemaduras, abscesos, forúnculos, herpes.

Uso EXTERNO: En forma de cataplasma, aplicada dos veces por día.

FRUTO

— Artritis, gota, reumatismo, diabetes, indigestión, obstrucción intestinal, insomnio.

Uso INTERNO: Ingerir como alimento.

— Nefritis, cistitis, uretritis bacteriana, pielonefritis.

Uso INTERNO: Ingerir el jugo tres veces por día.

HOJAS Y FRUTOS

— Afecciones hepáticas y colesterol.

Uso INTERNO: Hervir el fruto y las hojas, en la proporción de 30 a 40 grs. por cada litro de agua, y beber cierta cantidad de caldo durante una semana, suspender por tres días, retomando el tratamiento hasta la eliminación de los síntomas.

C. HABITAT/CULTIVO
Originaria de la India, propia de climas templados o cálidos, terreno arenoarcilloso, media acidez. Se adapta bien con chauchas o porotos.

D. OBSERVACIONES
En los climas muy cálidos las berenjenas pueden producir efectos tóxicos cuando se las ingiere y han sido expuestas al sol. Esto no tiene origen científico, se basa simplemente en la observación.

BROCOLI
(Brassica oleracea italica)

A. PROPIEDADES TERAPEUTICAS
Calcificante, antiinflamatoria, vitaminizante, emoliente, laxante, diurética, calmante.

B. INDICACIONES
FLORES
— Irritabilidad, ansiedad, colitis.

Uso INTERNO: En forma de caldo, ingerir tres veces al día.

FLORES, HOJAS Y PEDUNCULOS FLORALES
— Anemia, avitaminosis A y C, descalcificación.

Uso INTERNO: Ingerir como alimento.

C. HABITAT/CULTIVO
Procedente de Europa, crece mejor en clima templado (7°C a 22°C), en terrenos arenoarcillosos, húmedos, con baja acidez. Se recoge a los 80 ó 100 días después de semillado.

D. OBSERVACIONES
Una vez cocido aumenta su tenor en azufre y su ingestión puede producir gases intestinales.

CALABAZA
(Cucurbita moschata)

A. PROPIEDADES TERAPEUTICAS

Antiinflamatoria, cicatrizante, calmante, antiparasitaria, diurética, laxante, antihemorrágica, emoliente, antiálgica.

C. INDICACIONES

HOJAS VERDES

— Erisipela.

Uso externo: Con leves fricciones sobre las partes afectadas, aplicar dos o tres veces por día.

HOJAS SECAS

Uso externo: Machacadas y aplicadas sobre las lesiones, una vez al día.

PECIOLO

— Neumonía.

Uso externo: Fritos en aceite de oliva o cataplasmas sobre el tórax, aplicada tres veces al día.

FLORES

— Erisipela.

Uso externo: En leves fricciones sobre las partes afectadas, aplicar dos o tres veces al día.

— Otitis.

Uso externo: Ligeramente asadas y aplicadas en el oído, dos o tres veces al día.

SEMILLAS

— Colitis y uretritis.

Uso interno: Molidas y mezcladas con agua, 50 grs. de semillas molidas con 100 ml. de agua, de esta emulsión ingerir 1 cucharada sopera varias veces al día.

PULPA

— Quemaduras y forúnculos.

Uso externo: Cruda o cocida en forma de cataplasma, dos veces al día.

— Obstrucción intestinal.

Uso interno: Puré de calabaza, tres veces al día.

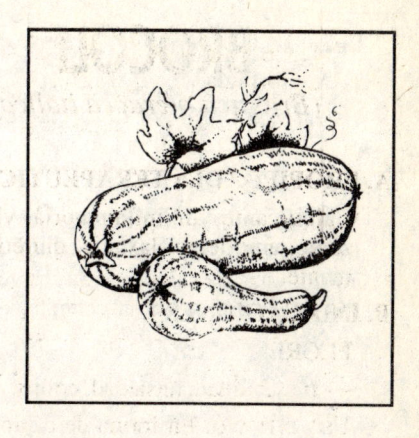

PEDUNCULOS (rabillo de las flores)

— Metrorragia.

Uso interno: Té por decocción de los pedúnculos triturados, de 3 a 5 tazas al día.

C. HABITAT/CULTIVO

Algunos autores informan que es originaria de América; junto al maíz y al poroto, fue la base de la alimentación de los incas, mayas y aztecas en la época precolombina. Se adapta a diferentes suelos; prefiere el terreno arenoarcilloso. Planta propia de clima caliente. Se aconseja plantarla en compañía de maíz y acelga.

CEBOLLA
(Allium cepa)

A. PROPIEDADES TERAPEUTICAS

Depurativa, emoliente, diurética, laxante, antibiótica, antitérmica, antihemorrágica, antirreumática, calmante, alcalinizante, mineralizante, anticoagulante, antiparasitaria.

B. INDICACIONES

BULBOS

— Insomnio.

Uso INTERNO: Cocidos en poca agua a fuego lento, ingerir en la cena en forma de ensalada; tomar el jugo en el que fueron cocidos, una hora antes de acostarse.

— Cólicos intestinales.

Uso INTERNO: Ingerir caldo, 1/2 taza tres veces por día.

— Obstrucción intestinal.

Uso INTERNO: Asarlos e ingerirlos como alimento.

— Difteria.

Uso INTERNO: Jugo de los bulbos crudos o rallados, mezclados con aceite de oliva; ingerir 1 cucharada sopera tres veces al día.

Uso EXTERNO: Con el jugo diluido en agua, efectuar gárgaras varias veces al día.

— Diabetes.

Uso INTERNO: Ingerir como alimento, comidos regularmente.

— Traqueobronquitis.

Uso INTERNO: Jugo de los bulbos asados, mezclado con miel, ingerir 1 cucharada sopera de cuatro a cinco veces por día.

— Resfríos.

Uso INTERNO: Ingerir crudos en forma de ensalada con aceite de oliva y jugo de limón.

— Abscesos, forúnculos.

Uso EXTERNO: Asados y mezclados con miel. Aplicar en forma de cataplasma, dos veces por día.

— Ulceras y heridas.

Uso EXTERNO: Diluir el jugo con agua, realizar baños locales dos o tres veces por día.

— Dermatitis infectada.

Uso externo: Crudos y rallados, en forma de cataplasma, aplicar dos veces al día.

— Afecciones febriles.

Uso interno: Jugo diluido en agua, ingerir 1 cucharada sopera varias veces al día.

— Reumatismo, gota, artritis.

Uso interno: Comer regularmente la cebolla cruda con apio en la ensalada.

Uso externo: Friccionar las articulaciones con el jugo, tres veces al día.

— Gripe.

Uso interno: 2 cucharadas de jugo de cebolla, 1 cucharada de miel, jugo de 1 limón y 1 taza de agua caliente; ingerir esta mezcla de tres a seis veces por día.

— Caída del cabello.

Uso externo: Masajes con jugo de cebolla en el cuero cabelludo, tres veces al día.

— Litiasis renal.

Uso interno: Ingerir crudos, cocidos o asados como alimento.

— Parasitosis.

Uso interno: Jugo, mezclar con un poco de miel, 1 cucharada de postre una vez al día, en ayunas.

— Odontología.

Uso externo: Diluir el jugo en agua, usar en forma de buches.

— Picaduras de insectos.

Uso externo: Aplicar el jugo sobre la zona afectada.

— Colitiasis.

Uso interno: Caldo (de los bulbos cocidos) o jugo de los bulbos (crudos y rallados), ambos diluidos en agua caliente; 1 cucharada sopera, cuatro a cinco veces al día.

— Avitaminosis C.

Uso interno: Ingerir como alimento.

— Infarto de miocardio.

Uso interno: Como preventivo, asados o en sopas.

C. HABITAT/CULTIVO

Venida de Persia. Antiguamente fue usada durante mucho tiempo en Egipto, Grecia y Roma, como alimento y condimento. Crece en suelos ricos en materia orgánica. Vive en climas templados.

D. OBSERVACIONES
a) Está contraindicado ingerirla cruda en personas con flatulencia e hiperclorhidria.

b) Como el ajo, la cebolla emana olores que dificultan al cuerpo etérico absorber vibraciones más sutiles.

COLIFLOR
(Brassica oleracea botrytis)

A. PROPIEDADES TERAPEUTICAS

Antiácida, laxante, mineralizante, vitaminizante, antiinflamatoria.

B. INDICACIONES

PEDUNCULOS FLORALES

— Hiperacidez gástrica, calcificación deficiente en los niños, obstrucción intestinal.

Uso INTERNO: Usados regularmente como alimento.

C. HABITAT/CULTIVO

Proviene de las regiones mediterráneas europeas; es una hortaliza de clima frío y templado. Crece en terrenos arenoarcillosos, fértiles y ácidos.

D. OBSERVACIONES

a) Contraindicada en coletiasis y nefrolitiasis.

b) Cocida, puede provocar gases intestinales.

ESCAROLA
(Chicorium endivia)

A. PROPIEDADES TERAPEUTICAS

Digestiva, aperitiva, diurética, antiparasitaria, mineralizante, laxante, emenagoga, vitaminizante, astringente, antifebril.

B. INDICACIONES

HOJAS

— Amenorrea, afecciones del ovario, hemorroides.

Uso interno: Cruda, en ensaladas, durante varias semanas.

— Atonías intestinales, afecciones del estómago.

Uso interno: Té por tisana, dosis normales.

RAICES

— Hemorroides, afecciones hepáticas, bronquitis crónica.

Uso interno: a) Jugo, cuatro cucharadas soperas al día.

b) Secas y trituradas, 30 a 50 grs. por litro de agua, hervir hasta reducir a la mitad, colar, tomar 1 cucharada sopera cada dos horas.

— Esputos hemópticos.

Uso interno: Jugo, tres cucharadas soperas al día.

FLORES

— Conjuntivitis.

Uso externo: Té por decocción, bañar los ojos varias veces al día.

C. HABITAT/CULTIVO

Originaria de India. Se reproduce en suelos fértiles, arenoarcillosos y francamente ácidos.

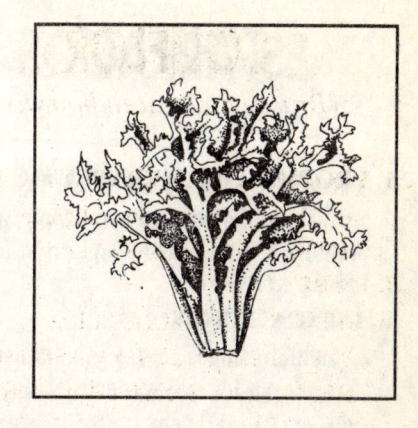

ESPARRAGOS
(Asparagos officinalis)

A. PROPIEDADES TERAPEUTICAS

Cardiotónica, diurética, laxante, antiinflamatoria, antivomitiva, aperitiva, emenagoga.

B. INDICACIONES

— Palpitaciones cardíacas - extrasístoles.

Uso interno: Cocinar 50 grs. de espárragos en 1 litro de agua; ingerir 1 taza antes de las comidas principales, tres veces por día.

— Gota, amenorrea, disuria.

Uso interno: Cocinar 100 grs. de espárragos en 1 litro de agua, reducir a 2/3; ingerir 1 taza tres veces por día.

SEMILLAS

— Vómitos rebeldes.

Uso interno: Bien molidas, mezcladas en partes iguales con azúcar, ingerir pequeñas cantidades (1/2 cucharada de café) tres veces por día.

C. HABITAT/CULTIVO

Planta europea, propia de climas templados. Suelo arenoarcilloso y de baja acidez. Se beneficia con la compañía de zanahorias, rabanitos y achicoria amarga.

D. OBSERVACIONES

a) El uso exagerado puede provocar insomnio y ansiedad.

b) Contraindicado cuando hay inflamación en los órganos urogenitales.

c) Para ahuyentar mosquitos y avispas, preparar los espárragos triturados, mezclados con aceite y friccionar rostro y manos.

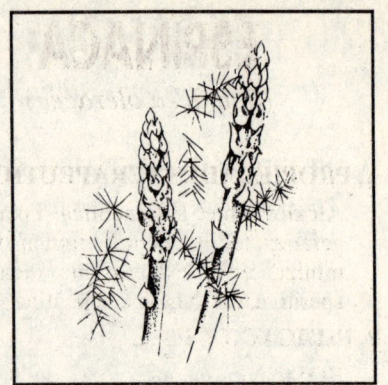

ESPINACA
(Spinacea oleracea)

A. PROPIEDADES TERAPEUTICAS

Alcalinizante, antianémica, laxante, mineralizante, emoliente, hipotensora, vitaminizante, antiesclerosante, cicatrizante, aperitiva, emenagoga, eupéptica.

B. INDICACIONES

HOJAS

— Anemias, convalecencia.

Uso interno: Té por decocción (dosis normal).

— Afecciones inflamatorias en las vías digestivas.

Uso interno: Té por tisana (dosis normal).

— Hipertensión arterial, hemofilia, bocio, artritis, escorbuto, amenorrea, heridas que supuran, abscesos, forúnculos.

Uso interno: Ingerir el jugo, 1 taza tres veces al día.

C. HABITAT/CULTIVO

Planta oriental, probablemente de Persia, bien aclimatada en Argentina. Prefiere clima ameno, pero resiste el calor.

D. OBSERVACIONES

Modo de preparar como alimento:

a) Colocar en una cacerola con poco agua.

b) Sobre el fuego cocinar 5 minutos, sin hervir.

c) Pasar por agua fría.

d) Escurrir sin exprimir.

e) Mantener al vapor.

JENGIBRE
(Zengiber officinalis)

A. PROPIEDADES TERAPEUTICAS

Tónica, antihemorrágica, expectorante, antirreumática, vitaminizante, carminativa, revulsiva, eupéptica, antiálgica.

B. INDICACIONES

RIZOMAS

— Dispepsias, flatulencias, cólicos intestinales.

Uso interno: Al natural, ingerir rallados en pequeñas cantidades.

— Asma bronquial, bronquitis, traqueítis.

Uso interno: Té por decocción, con pequeñas cantidades de miel, ingerir 1 taza, tres veces al día.

— Amigdalitis, tos, ronquera.

Uso interno: Colocar un pedazo en la boca y dejarlo por un tiempo, repetir varias veces al día.

— Neuralgias, edemas artríticos y reumáticos.

Uso externo: Rallados, en forma de cataplasma, dos o tres veces al día.

C. HABITAT/CULTIVO

Originaria de China, de India y de Malasia. Crece en terrenos arenoarcillosos y en climas calurosos.

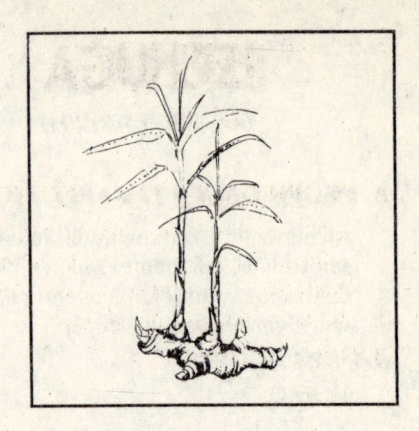

LECHUGA
(Lactuca sativa)

A. PROPIEDADES TERAPEUTICAS
Laxante, diurética, depurativa, calmante, mineralizante, vitaminizante, antitusígena, analgésica, antiinflamatoria, emoliente, antihemorroidal, eupéptica.

B. INDICACIONES
HOJAS

— Arteriosclerosis, nefritis, litiasis renal, hemorroides, gastralgias, bronquitis, artritis, gota, diabetes, acidosis, bocio, várices, eczemas.

Uso interno:
a) En forma de ensalada, comida en abundancia.
b) Té por decocción, en una dosis de 50 a 80 grs. de hojas para 1 litro de agua, 2 a 4 tazas por día.

— Gastritis, cólicos intestinales, neuralgias, litiasis biliar.

Uso interno: En decocción, tres a cuatro veces al día.

TALLOS

— Insomnio, palpitación del corazón, gripe, reumatismo, irritabilidad, tos persistente.

Uso interno: Jugo, ingerir 1 taza, dos o tres veces por día.

— Impulsos sexuales excesivos, asma.

Uso interno: En cocimiento, 40 grs. de tallos machucados, para 1 litro de agua; ingerir antes de acostarse.

HOJAS Y TALLOS

— Bronquitis con tos y secreción abundante.

Uso interno: 2 cabezas de lechuga (hojas y tallos) hervidas en 1 litro de agua, hervir hasta reducir a la mitad, endulzar con miel, ingerir 1 taza cuatro veces al día.

— Epilepsia, ansiedad, angustia, irritabilidad, hipocondria.

Uso interno: Jugo fresco, ingerir 1 taza tres o cuatro veces al día.

— Inflamaciones y edemas externos.

Uso externo: En forma de cataplasma, aplicada dos veces por día, en las partes afectadas.

C. HABITAT/CULTIVO

Proveniente de Asia, según versiones históricas, usada por egipcios, griegos y romanos, desde hace mucho tiempo.

Su cultivo es apto en terrenos arenoarcillosos y clima templado. Se da muy bien con la zanahoria, la remolacha, la rúcula, el pepino y las fresas.

MANDIOCA
(Manihot utilissima)

A. PROPIEDADES TERAPEUTICAS
Nutriente, energética, antirreumática, antiséptica.

B. INDICACIONES
TUBERCULOS

— Convalecencia, desnutrición.

Uso INTERNO: Como alimento cocido en forma de puré, sopas, etc.

— Edemas reumáticos, artritis, abscesos.

Uso EXTERNO: En forma de cataplasma, aplicar dos o tres veces al día.

C. HABITAT/CULTIVO
Planta originaria de América del Sur, desde la época del descubrimiento ya formaba parte de las culturas indígenas. Típica de las regiones cálidas y húmedas. Crece en terrenos planos o poco inclinados, arenoarcillosos, fértiles, permeables y de media acidez. Se asocia bien con el poroto, batata y maní.

D. OBSERVACIONES
Existen dos tipos de mandioca: brava (o amarga) y mansa (o dulce).

a) La mandioca brava es portadora de una sustancia, que en ciertas circunstancias se transforma en ACIDO CIANHIDRICO, altamente venenoso para hombres y animales. Por esta razón, esta variedad se consume en forma de harina; sus principios tóxicos, por ser volátiles, desaparecen durante el proceso de torrado.

b) La mandioca mansa contiene la misma sustancia pero en cantidad atóxica, lo que permite consumirla cocida o asada.

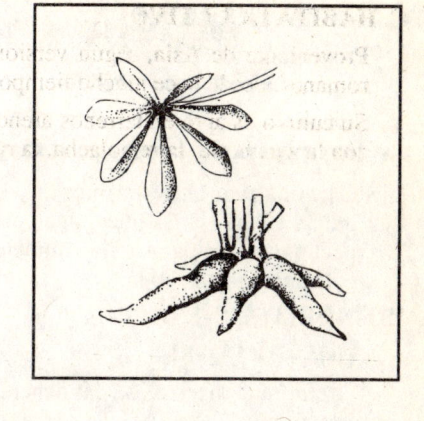

MENTA
(Mentha piperita)

A. PROPIEDADES TERAPEUTICAS

Carminativa, antiespasmódica, estomáquica, tónica, antiséptica, analgésica, expectorante, antiparasitaria, antineurálgica, calmante, galactagoga.

B. INDICACIONES

HOJAS Y FLORES

— Atonías digestivas, flatulencia, cálculos biliares, vómitos, cólicos abdominales, hepáticos y renales, dismenorrea, verminosis.

Uso interno: Té por infusión, 10 grs. de menta para 1 litro de agua, ingerir 1 taza cuatro veces al día.

— Afecciones de las vías respiratorias (tos, catarros, laringitis).

Uso interno: Té por infusión, ingerir 1 taza cuatro veces al día.

— Disturbios neurovegetativos (vómitos, palpitaciones cardíacas).

Uso interno: Té por infusión, ingerir 1 taza, cuatro veces al día.

Uso externo: Té por infusión en forma de baños diarios.

— Dolores reumáticos y musculares.

Uso externo: Té por infusión, en forma de baños diarios y fricciones en las partes afectadas, tres veces al día.

— Parasitosis.

Uso interno: En infusión, 1 taza en ayunas, durante una semana.

C. HABITAT/CULTIVO

Originaria de Oriente. Existen veinticinco variedades diferentes. No es exigente en cuanto al clima, de fácil cultivo; puede ser plantada en cualquier época del año.

Crece en suelos húmedos, bien drenados, ricos en materia orgánica.

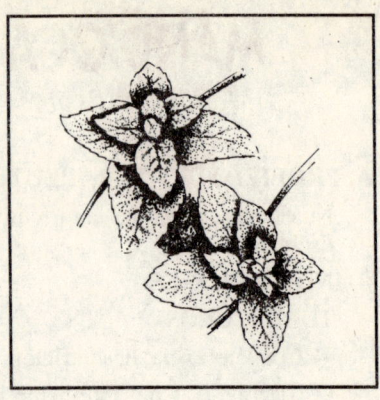

NABO
(Brassica napus)

A. PROPIEDADES TERAPEUTICAS

Vitaminizante, mineralizante, diurética, antiinflamatoria, emoliente, alcalinizante, antilítica, antitusígena, laxante, antiescrufulosa.

B. INDICACIONES

HOJAS

— Hiperacidez gástrica, osteomalacia, calcificación deficiente en las criaturas.

Uso interno: Jugo de nabo, mezclado con zanahoria o diente de león, ingerir una taza tres veces al día.

— Obstrucción intestinal.

Uso interno: Cocidas al vapor, como alimento.

— Dismenorrea.

Uso externo: Té por decocción, utilizar como baños de asiento.

RAICES

— Avitaminosis C.

Uso interno: Picadas, ingerir en ensaladas.

— Enterocolitis aguda o crónica.

Uso interno: Caldo, ingerir varias tazas al día.

— Hemorroides.

Uso interno: Mezclar jugo de nabos, de zanahorias, de berros y de espinaca; ingerir 1 litro de este preparado por 30 días.

— Coqueluche, bronquitis crónica.

Uso interno: Cortar unas rodajas, colocar miel sobre ellas y dejarlas una noche. Del jarabe que se obtiene ingerir 1 cucharada sopera, cuatro o cinco veces al día.

— Inflamaciones de la piel en general.

Uso externo: Cocidas, aplicar en forma de cataplasma dos veces al día.

— Analgésico dental.

Uso externo: Cocidas, usar en forma de cataplasma.

C. HABITAT/CULTIVO

Planta asiática, de suelos arenoarcillosos, bien drenados y poco ácidos. Propia de climas templados. Prefiere la compañía de maíz y arvejas.

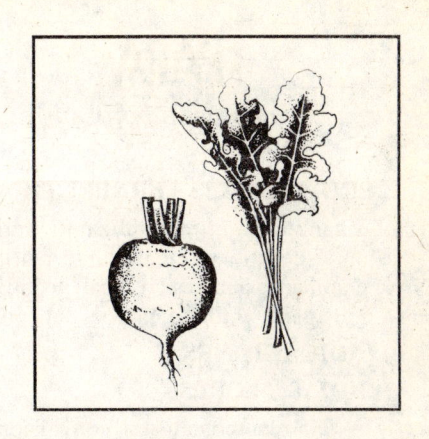

PAPA
(Solanum tuberosum)

A. PROPIEDADES TERAPEUTICAS

Vitaminizante, mineralizante, antiácida, antiescorbútica, cicatrizante, antiálgica, emoliente, analgésico local, sedativa, antitusígena, antiinflamatoria, eupéptica.

B. INDICACIONES

HOJAS, FLORES

— Diarrea, reumatismo, convulsiones.

Uso INTERNO: Té por tisana, de 25 a 30 grs. para 1 litro de agua, ingerir 1 cucharada sopera de tres a cuatro veces al día.

— Toses rebeldes.

Uso INTERNO: Té por tisana, endulzado con miel, ingerir 1 taza cuatro veces al día.

TUBERCULOS

— Ulceras gástricas y duodenales, pirosis.

Uso INTERNO: Jugo, ingerir 1 taza tres veces al día. Lavar y rallar 4 papas de buen tamaño, exprimirlas con un lienzo y beber enseguida.

— Neuralgias y dolores de quemaduras leves.

Uso EXTERNO: Crudas y ralladas, aplicar en forma de cataplasma caliente, dos veces al día.

— Abscesos, antrax.

Uso EXTERNO: Cocidas y amasadas, aplicar como cataplasma caliente dos veces al día.

— Cefaleas.

Uso EXTERNO: Rodajas de papa cruda aplicadas sobre la frente.

— Artritis, mala circulación en general, pies y manos.

Uso EXTERNO: Bañar las partes deseadas todas las noches de 30 minutos a 1 hora, con el agua en que se cocinaron papas con cáscara, cortadas en trozos, friccionando las partes afectadas con las papas mezcladas con ajo.

— Prostatitis, litiasis vesicular, cistitis, problemas de ovarios.

Uso INTERNO: Pelados y cortados en pedazos, cocidos con cebolla y raíz de malta, preparar té por tisana, ingerir 1 taza cuatro veces al día.

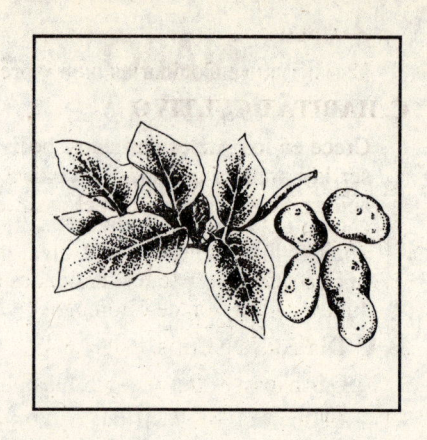

— Colitis.

Uso interno: Cocinarlas bien y preparar un puré; mezclar con jugo de granada.

C. HABITAT/CULTIVO

Crece en los Andes peruanos, bolivianos y chilenos, en forma espontánea. Debe ser la hortaliza que más se cultiva en el mundo. Terreno arenoarcilloso, media acidez. Se asocia bien con el maíz, el repollo y poroto.

D. OBSERVACIONES

a) Cuando se ingiere en cantidades excesivas puede producir obstrucción intestinal y dilatación de estómago.

b) Durante la nefritis, evitarse.

c) Las papas verdes y con brotes pueden provocar intoxicación, colitis y disentería.

PEPINO
(Cucumis sativus)

A. PROPIEDADES TERAPEUTICAS

Alcalinizante, emoliente, laxante, tónica, mineralizante, diurética, antirreumática, hipotensora, antiinflamatoria, antiespasmódica.

B. INDICACIONES

FRUTOS

— Reumatismo, gota.

Uso interno: Jugo mezclado con jugos de zanahorias y remolachas, ingerir varios vasos diarios.

— Erupciones cutáneas.

Uso interno: Jugo, mezclado con jugos de zanahoria y lechuga, ingerir 1 vaso tres veces al día.

— Cistitis, enterocolitis.

Uso interno: Ingerir 1 vaso de jugo, tres a cinco veces al día.

— Amigdalitis, laringitis.

Uso interno: Jugo mezclado con miel, ingerir varias cucharadas soperas al día.

Uso externo: Aplicar la pulpa, en forma de cataplasma, a la altura de la garganta varias veces al día.

— Cólicos en general.

Uso interno: Té por infusión, 30 grs. de pulpa por un litro de agua, ingerir 1 taza varias veces al día.

C. HABITAT/CULTIVO

Planta originaria de las regiones montañosas de la India desde los tiempos bíblicos; es también encontrado en Africa y Medio Oriente. Sensible al frío. Crece en terrenos arenoarcillosos, bien drenados, fértiles y francamente ácidos.

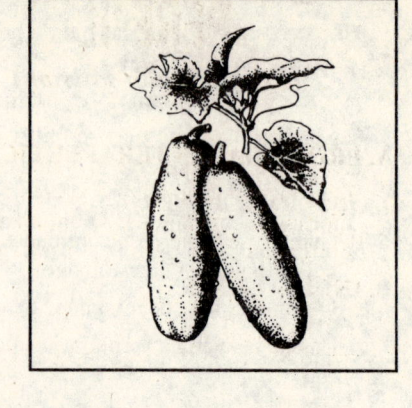

PEREJIL
(Petroselinum sativum)

A. PROPIEDADES TERAPEUTICAS

Diurética, carminativa, expectorante, antitérmica, emenagoga, vitaminizante, antiinflamatoria, eupéptica, aperitiva.

B. INDICACIONES

HOJAS

— Fiebre intermitente.

Uso interno: Jugo, ingerir 1 cucharada sopera, tres o cuatro veces al día.

— Bronquitis asmática, laringitis crónica.

Uso interno: Jugo mezclado con miel, 1/2 taza (café), ingerir una vez al día en ayunas.

— Equimosis.

Uso externo: Jugo, aplicar como compresa dos o tres veces al día.

— Disentería.

Uso interno: Té por decocción, ingerir 1 taza tres o cuatro veces al día.

— Inflamación y edema de párpados.

Uso externo: Aplicar en forma de cataplasma fría, varias veces al día.

— Hemorragias nasales.

Uso externo: Introducir hojas en las fosas nasales.

— Hemorragias de úlceras y heridas, picadura de insectos, neuralgias.

Uso externo: En forma de cataplasma, aplicar tres o cuatro veces al día.

RAICES

— Gases intestinales.

Uso interno: Té por decocción, ingerir 1 taza, tres o cuatro veces al día.

— Nefritis, cistitis.

Uso interno: Té por infusión, ingerir 1 taza tres o cuatro veces al día.

— Anasarca, hidropesía, edemas en miembros inferiores.

Uso interno: Té por decocción, 30 grs. para 1 litro de agua, ingerir 1/2 taza cada 4 horas.

C. HABITAT/CULTIVO

Natural de Europa. Terrenos arenoarcillosos, ricos en materia orgánica. Se asocia bien con el tomate y el espárrago.

D. OBSERVACIONES

El uso interno es contraindicado para gestantes y lactantes.

PIMIENTO
(Capsicum annuum)

A. PROPIEDADES TERAPEUTICAS

Vitaminizante, antiespasmódica, digestiva.

B. INDICACIONES

FRUTOS

— Avitaminosis C.

Uso INTERNO: Como alimento.

— Cólicos abdominales por gases.

Uso INTERNO: 1/2 litro de jugo mezclado con jugos de zanahorias y espinacas, ingerir 1 vaso cada 2 horas diariamente.

C. HABITAT/CULTIVO

Hortaliza propia de América Latina, se adapta a terrenos arenoarcillosos, ricos en materia orgánica y francamente ácidos.

D. OBSERVACIONES

Consumido en exceso puede provocar taquicardia e hipertensión.

RABANITO
(Raphanus salivus)

A. PROPIEDADES TERAPEUTICAS

Mineralizante, diurética, calmante, antiparasitaria, eupéptica, antiinflamatoria, aperitiva, antilítica, béquica.

B. INDICACIONES

RAICES

— Dispepsias, resfrío, bronquitis, erupciones cutáneas, reumatismo, artritis y gota, colelitiasis.

Uso interno: Crudo, en rodajas o rallados, ingerir en forma de ensalada o jugo hasta 1/2 litro por día.

— Parasitosis.

Uso interno: Té por decocción, dosis normales.

C. HABITAT/CULTIVO

De origen chino. Se produce mejor en terrenos arenoarcillosos, bien drenados y ácidos. Se asocia bien con el maíz, el pepino y la zanahoria.

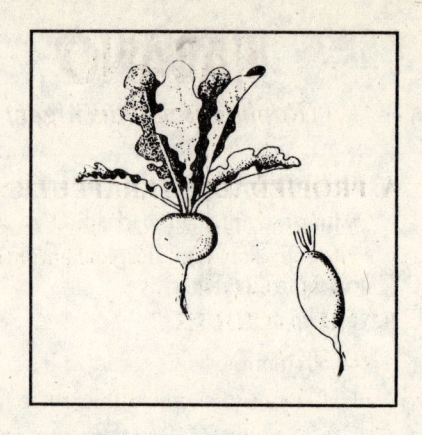

RABANO
(Raphanus sativus niger)

A. PROPIEDADES TERAPEUTICAS

Diurética, laxante, colagoga, eupéptica, vitaminizante, antialérgica, antiinflamatoria, antilítica, aperitiva.

B. INDICACIONES

HOJAS

— Cólicos intestinales por gases.

Uso interno: Té por infusión, ingerir 1 taza durante las crisis.

- Dolores reumáticos.

Uso externo: Triturar las hojas y friccionar las partes afectadas o cataplasma fría.

RAICES

— Litiasis renal, estomatitis, gingivitis, laringitis, colelitiasis.

Uso interno:

a) Como alimento, ingerir solo o en ensalada.

b) Té por decocción, ingerir 1 taza tres veces al día.

— Bronquitis, amigdalitis, laringitis.

Uso interno: Jarabe, ingerir 1 cucharada sopera tres a cinco veces por día. El jarabe se prepara cortando rodajas, rociándolas con miel y dejándolas toda la noche.

— Manifestaciones alérgicas.

Uso interno: Jugo mezclado con jugo de tomates, ingerir 1/4 litro por día, en tres medidas.

- Dispepsias.

Uso interno: Jugo mezclado con miel, ingerir 1 taza después de las comidas.

— Dolores reumáticos.

Uso externo: Después de cocinado, aplicar en forma de cataplasma tres veces al día.

C. HABITAT/CULTIVO

Pariente próximo del rabanito, presenta las mismas características.

REMOLACHA
(Beta vulgaris)

A. PROPIEDADES TERAPEUTICAS

Antirreumática, diurética, laxante, antitérmica, antianémica, cardiotónica, neurotónica, antitusígena, depurativa, calmante.

B. INDICACIONES

HOJAS

— Escoriaciones e inflamaciones de la piel.

Uso externo: En forma de cataplasma, aplicada dos veces al día.

RAICES

— Obstrucción intestinal, hepatitis, afecciones endócrinas.

Uso interno: Crudas, ingerir en forma de ensalada.

— Anemias perniciosas, afecciones cardíacas, reumatismo, artritis, clorosis.

Uso interno: Jugo, ingerir 1 taza tres veces por día.

— Litiasis vesicular.

Uso interno: Hervir 1 remolacha en poca agua e ingerir el caldo.

— Toses persistentes.

Uso interno: Cortar rodajas finas de remolacha, pasarlas por miel y dejarlas al sereno durante toda la noche. Del jarabe obtenido tomar varias cucharadas por día.

C. HABITAT/CULTIVO

Proveniente de las costas mediterráneas y de Asia Occidental. En la Roma antigua ya se consumía regularmente.

Crece en terrenos fértiles, drenados, con baja acidez. Se asocia bien con el nabo y la lechuga.

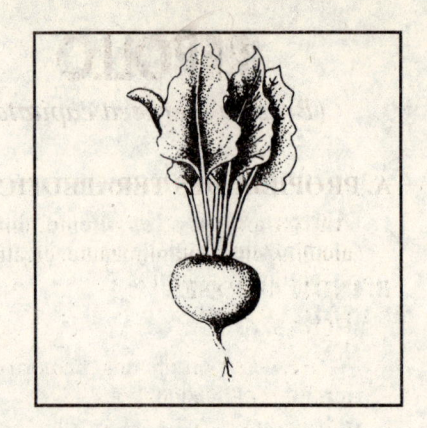

REPOLLO
(Brasica oleracea capitata)

A. PROPIEDADES TERAPEUTICAS
Antiinflamatoria, emoliente, antiálgica, alcalinizante, vitaminizante, cicatrizante.

B. INDICACIONES
HOJAS

— Abscesos purulentos, hemorroides externas, reumatismo, gota.

Uso externo:

a) Crudas y picadas en forma de cataplasma, aplicar dos veces al día.

b) Cocidas al vapor, aplicar en forma de cataplasma dos veces al día.

— Anemias, tuberculosis pulmonar.

Uso interno: Crudas y picadas finamente, ingerir como alimento en ensaladas con jugo de limón.

— Cefaleas, neuralgias faciales, odontología.

Uso externo: Crudas, aplicar en las partes afectadas.

— Ulcera gástrica, hemorroides internas.

Uso interno: Jugo, ingerir 1 cucharada sopera cada hora.

— Alcoholismo.

Uso interno: Jugo, ingerir 1 cucharada (café) cuatro veces al día.

— Caída del cabello.

Uso externo: Jugo, aplicar con fricciones dos veces al día.

C. HABITAT/CULTIVO
Originaria de Asia Occidental y de Europa, según algunos autores, desde 5000 años a.C. Terrenos arenoarcillosos con mediana acidez. Se asocia bien con lechuga, remolacha, papas y otros.

D. OBSERVACIONES
Cuando es ingerido en exceso, principalmente cocido, favorece la formación de gases intestinales.

TOMATE
(Solanum lycopersicum)

A. PROPIEDADES TERAPEUTICAS

Depurativa, antiséptica, emoliente, alcalinizante, laxante, mineralizante, vitaminizante, cicatrizante.

B. INDICACIONES

FRUTOS

— Avitaminosis C, tuberculosis pulmonar, obstrucción intestinal, anemia.

Uso INTERNO: Jugo, ingerir 1 vaso varias veces al día.

— Picaduras de insectos.

Uso EXTERNO: Compresas con la pulpa y el jugo, aplicar de hora en hora.

— Hemorroides externas.

Uso EXTERNO: En forma de cataplasma, aplicar tres veces al día.

— Forúnculos, abscesos.

Uso EXTERNO: En forma de cataplasma, dos o tres veces por día.

— Reumatismo, gota, eczema, polineuritis, raquitismo.

Uso INTERNO: Crudo, ingerir como alimento en ensalada.

— Nefritis.

Uso INTERNO: Jugo mezclado con jugo de apio, dos o tres vasos por día.

— Amigdalitis, faringitis.

Uso EXTERNO: Verdes, en forma de jugo, utilizado en gárgaras. Aplicar compresas calientes de tomates cocidos con aceite de oliva. Aplicar a la altura de la garganta.

— Artritis.

Uso INTERNO: Jugo, tres o cuatro veces por día.

— Ulceras, heridas.

Uso EXTERNO: En forma de cataplasma, dos o tres veces al día.

— Quemaduras de sol.

Uso EXTERNO: Aplicar un tomate cortado al medio en las áreas afectadas, varias veces al día.

C. HABITAT/CULTIVO

Planta andina, llevada a Europa por los españoles. Hoy es una de las más cultivadas en el mundo. Crece en terrenos arenoarcillosos con poca acidez. Se asocia bien con hierbas aromáticas.

D. OBSERVACIONES

a) Verde es contraindicado en enfermedades cardíacas y renales, artritis, reumatismo, litiasis vesiculares y hepáticas.

b) No es recomendable juntar vinagre o limón con el tomate, pues el ácido que contiene el tomate combinado con otros ácidos produce una sustancia tóxica.

ZANAHORIA
(Daucus carota)

A. PROPIEDADES TERAPEUTICAS

Vitaminizante, colagoga, antianémica, diurética, antiespasmódica, laxante, antiinflamatoria, antitusígena, carminativa, neurotónica, antiparasitaria, antiséptica, alcalinizante, depurativa, emenagoga, aperitiva, galactagoga.

B. INDICACIONES

HOJAS

Erupciones cutáneas, erisipela.

Uso EXTERNO: Cocidas, en forma de cataplasma, aplicar dos veces por día.

RAICES

— Xeroftalmia, afecciones hepáticas, anemia.

Uso INTERNO: Ingerida regularmente como alimento.

— Cólicos, nefritis, reumatismo, gota, obstrucción intestinal, psoriasis, eczema.

Uso INTERNO: Jugo, ingerir 1/2 copa tres veces al día.

— Asma, laringitis, bronquitis, traqueítis.

Uso INTERNO: Cocinar 250 grs. en 1/2 litro de agua, hasta que se torne viscosa, endulzar con miel, ingerir 1 cucharada cuatro o cinco veces al día.

— Ulcera gastroduodenal.

Uso INTERNO: Jugo, mezclado con jugos de lechuga, apio, remolacha, pepino y espinaca, 1 taza tres veces al día.

— Erisipela, quemaduras, úlceras abiertas.

Uso EXTERNO: Crudas o ralladas en forma de cataplasma, dos veces al día.

— Obstrucción intestinal, flatulencia.

Uso INTERNO: Crudas o ralladas, ingerir como alimento.

— Anemia, clorosis.

Uso INTERNO: Un plato, crudas y ralladas, con 2 cucharaditas de miel por la mañana, en ayunas.

— Laringitis.

Uso INTERNO: Un plato de zanahorias crudas y ralladas; cocinarlas en 1 litro de agua, endulzar con miel e ingerir por cucharadas de hora en hora.

C. HABITAT/CULTIVO

Nativa de Asia y Europa. Terrenos arenoarcilloso o arenosos. Se asocia bien con tomate, lechuga, poroto y arveja.

Segunda Parte

FRUTAS

ACEITUNA (Olivo)
(Olea europea)

A. PROPIEDADES TERAPEUTICAS

Laxante (aceituna negra), astringente (aceituna verde), nutriente, antiasmática, depurativa, resolutiva, colagoga, antiálgica, antiinflamatoria, hipotensora, antiparasitaria, aperitiva.

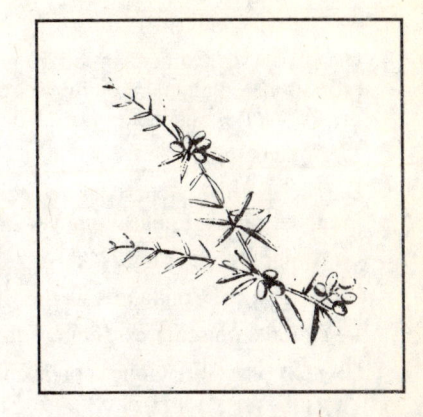

B. INDICACIONES

HOJAS VERDES

— Diarrea, disentería, leucorrea.

Uso INTERNO: Jugo fresco, 1 cucharada sopera, varias veces al día.

— Reumatismo, gota, hipertensión arterial.

Uso INTERNO: Té por decocción, 30 grs. por 1 litro de agua, hervir hasta que reduzca a la mitad, 1 taza dos veces al día.

— Estomatitis, gingivitis.

Uso INTERNO: Masticar cierta cantidad de hojas verdes por la mañana en ayunas.

FRUTOS

— Afecciones pulmonares (asma, tuberculosis pulmonar).

Uso INTERNO: Como alimento, bien masticados.

— Congestión cerebral.

Uso EXTERNO: Un puñado de aceitunas hervidas en 1 litro de agua, colar y usar en enema.

— Abscesos, quemaduras.

Uso EXTERNO: La pulpa triturada y amasada, tres veces al día.

— Quemaduras.

Uso EXTERNO: Batir 2 cucharadas soperas de aceite de oliva con 1 clara de huevo, aplicar.

— Obstrucción intestinal.

Uso INTERNO: Tomar 1 a 3 cucharadas soperas de aceite de oliva por la mañana, en ayunas.

Uso EXTERNO: 30 a 60 ml. de aceite con 1 litro de agua, batir con una yema, usar en enema.

— Gastritis, enteritis, colitis.

Uso interno: Comenzar con 50 grs. de aceite de oliva mezclado con jugo de limón, por la mañana, en ayunas. Aumentar 25 grs. por día hasta llegar a los 200 grs. de aceite. Suspender por 15 días y repetir.

— Cólicos renales.

Uso interno: 2 cucharadas de aceite de oliva, 1 yema de huevo y el jugo de 1 limón, batir bien, tomarlo una vez al día.

— Amigdalitis, faringitis.

Uso externo: Con la misma mezcla del anterior, usarlo en forma de gárgaras.

— Dolores musculares, edemas dolorosos.

Uso externo: Fricciones con aceite caliente, tres veces al día.

D. HABITAT/CULTIVO

Originario de Asia Menor. Crece en terrenos rocosos. Prefiere clima templado. Puede vivir hasta cien años.

ALMENDRA
(Amygdalus communis)

A. PROPIEDADES TERAPEUTICAS

Antiinflamatoria, cicatrizante, antiasmática, antiálgica, antilítica, antiácida, antianémica, antiparasitaria, antiespasmódica.

B. INDICACIONES

FRUTO

Uso interno: En forma de leche, mezclada con jugo de repollo, 1 taza después de las comidas.

— Enterocolitis, diarrea, bronquitis, neumonía, uretritis, litiasis renal y vesicular.

Uso interno: En forma de leche endulzada con miel, 1 taza tres o cuatro veces al día.

— Diabetes, anemia.

Uso interno: Molidas, mezcladas con jugo de naranja o de limón, 3 vasos al día.

— Parasitosis.

Uso interno: Comer 10 almendras en ayunas.

— Neuralgia facial, dolores renales.

Uso externo: Molidas, en forma de cataplasma, aplicadas en las zonas específicas, de tres a cinco veces al día.

C. HABITAT/CULTIVO

Originario del norte de Africa, clima templado. Se adapta a la mayoría de los suelos.

D. OBSERVACIONES

a) Contraindicada para los enfermos de cálculos biliares.

b) Forma de preparar la leche de almendras: 60 grs. de almendras escaldadas con agua hirviendo, remojar, remover la película de las almendras. Triturar con licuadora o procesadora, agregar más agua. Dejar en reposo algún tiempo y colar.

ANANA
(Ananas sativus)

A. PROPIEDADES TERAPEUTICAS

Vitaminizante, laxante, antiséptica, antiartrítica, antilítica, diurética, antiparasitaria, estomacal, eupéptica.

B. INDICACIONES

FRUTOS

— Bronquitis.

Uso INTERNO: En forma de jarabe, 1 cucharada sopera, cuatro o cinco veces al día.

— Amigdalitis, faringitis, difteria.

Uso INTERNO: Natural, como alimento.

Uso EXTERNO: Jugo, gárgaras, varias veces al día.

— Obstrucción intestinal, arteriosclerosis, anemia, prostatitis, cálculos renales y vesiculares, nefritis, artritis, uretritis.

Uso INTERNO: Jugo, varios vasos al día.

C. HABITAT/CULTIVO

Planta originaria de América. Prefiere suelos silicoarcillosos y húmedos.

BANANA
(Musa spp.)

A. PROPIEDADES TERAPEUTICAS
Diurética, vitaminizante, mineralizante, antituberculínica, antiasmática, antiséptica, cicatrizante, antianémica, antiinflamatoria.

B. INDICACIONES
FRUTOS

— Nefritis, gota, afecciones hepáticas, gastritis, dispepsia, colitis, rectitis.

Uso INTERNO: Comidas al natural, bien maduras.

— Obstrucción intestinal.

Uso INTERNO: Comidas por la mañana en ayunas, bien maduras.

— Neumonía.

Uso INTERNO: Ligeramente asadas, tres o cuatro veces al día.

— Diarrea, disentería.

Uso INTERNO: Cocimiento de banana y manzana verde, 2 cucharadas soperas tres a cinco veces por día.

FALSO TALLO

— Ulceras.

Uso EXTERNO: Hacer un corte y recoger la savia, aplicar dos veces al día.

— Tuberculosis pulmonar.

Uso INTERNO: Savia, una cucharada sopera 3 o 4 veces al día, endulzada con miel.

— Hemorroides.

Uso EXTERNO: Savia diluida en un poco de agua, en forma de compresa, aplicar dos o tres veces al día.

CASCARAS

— Quemaduras, edemas traumáticos, neuralgias.

Uso EXTERNO: Aplicar la superficie interna de la cáscara fresca sobre las áreas afectadas, repitiendo la operación dos veces al día.

B. HABITAT/CULTIVO
Planta de origen aún no determinado, conocida desde la Edad Antigua. Cuando los primeros navegantes llegaron al continente americano encontraron aquí una subespecie cultivada por los aborígenes en diversas regiones. Suelo: arenoarcilloso.

CAJU
(Anacardium occidentale)

A. PROPIEDADES TERAPEUTICAS
Vitaminizante, depurativa, expectorante, antidiabética, antiparasitaria, diurética, antiinflamatoria, eupéptica, astringente.

B. INDICACIONES
HOJAS

— Heridas y úlceras.

Uso externo: Té por decocción, bañar las zonas afectadas tres veces al día.

FRUTOS

— Diabetes, eczemas, reumatismos, avitaminosis C.

Uso interno: Comidas al natural, o bajo la forma de jugo, 1 vaso tres veces al día.

CASTAÑAS

— Verrugas, callosidades.

Uso externo: En forma de aceite, aplicado diariamente.

C. HABITAT/CULTIVO
Arbol tropical, originario de América del Sur.

D. OBSERVACIONES
El verdadero fruto es la llamada castaña.

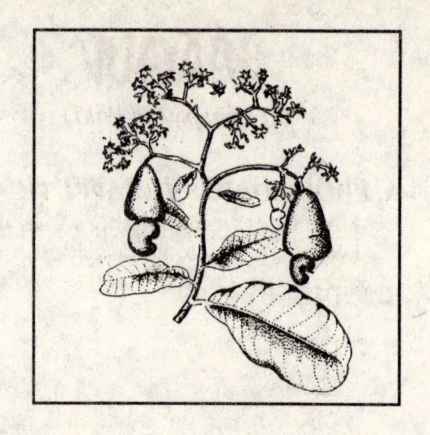

CAQUI
(Diospyros kaki)

A. PROPIEDADES TERAPEUTICAS

Alcalinizante, vitaminizante, eupéptica, antiemética, laxante, antifebril.

B. INDICACIONES

HOJAS

— Gastritis, gastralgia.

Uso interno: Té por infusión, 1 taza dos veces al día.

— Náuseas, vómitos.

Uso interno: Té por infusión, 1 taza caliente.

— Insomnio, irritabilidad.

Uso interno: Té por infusión con un pedazo de jengibre y miel, 1 taza antes de acostarse.

FRUTOS

— Obstrucción intestinal, tuberculosis pulmonar, dispepsias.

Uso interno: Al natural, como alimento.

C. HABITAT/CULTIVO

Arbol originario de China y Japón. Suelos silicoarcillosos.

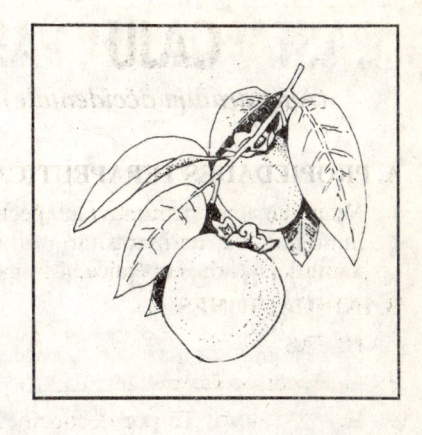

CASTAÑA DEL PARA
(Bertholletia excelsa)

A. PROPIEDADES TERAPEUTICAS
Nutriente, energética, galactagoga, vitaminizante, mineralizante.

B. INDICACIONES
CASTAÑAS

— Anemias, desnutrición, convalecencia, hipoproteinemia, avitaminosis A, B, C y E.

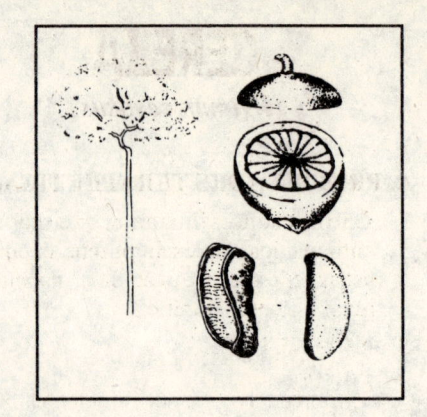

Uso interno: Comidas al natural, masticar bien hasta formar una masa líquida, 3 ó 5 castañas al día.

C. HABITAT/CULTIVO
Nativa de la región amazónica. Prefiere clima caluroso y húmedo.

D. OBSERVACIONES
a) Su proteína es considerada una proteína completa.

b) Es indicada para regímenes vegetarianos.

c) Estimula la secreción de la leche materna.

CEREZA
(Prunus cerasus)

A. PROPIEDADES TERAPEUTICAS

Antilítica, alcalinizante, mineralizante, antianémica, antiesclerosante, depurativa, astringente (cerezas ácidas), laxante (cerezas dulces), diurética.

B. INDICACIONES

FRUTOS

— Reumatismo, gota, nefritis, arteriosclerosis, anemia.

Uso interno: Comidas al natural, varias veces al día.

— Litiasis renal y vesicular.

Uso interno: Té por decocción (fruto y carozo), 1 taza tres a cinco veces por día.

— Afecciones febriles, afecciones de las vías urinarias.

Uso interno: Jugo, 1 copa tres veces al día.

PEDUNCULOS

— Nefritis, cistitis, bronquitis crónica.

Uso interno: En decocción, una taza tres o cuatro veces al día.

C. HABITAT/CULTIVO

Arbol originario de Asia Menor. Terrenos rocosos, arenosos, calcáreos.

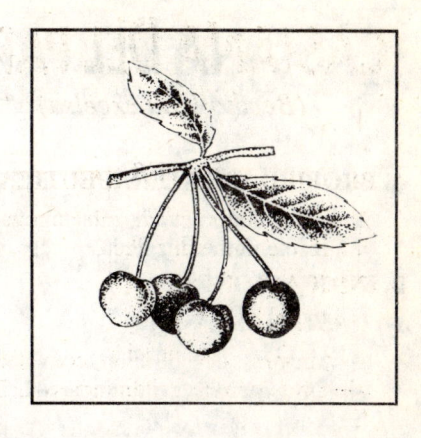

CIRUELA
(Prunus domestica)

A. PROPIEDADES TERAPEUTICAS

Laxante, antiinflamatoria, diurética, depurativa, nutriente, neurotónica, alcalinizante.

B. INDICACIONES

FRUTOS

— Obstrucción intestinal.

Uso interno: Colocar de 3 a 5 ciruelas en remojo toda la noche, a la mañana siguiente comerlas y beber su jugo.

— Hemorroides, artritis, gota, nefritis, arteriosclerosis.

Uso interno: Al natural, como alimento.

C. HABITAT/CULTIVO

Existen ciruelas europeas y otras originarias de China, ambas bien aclimatadas en la Argentina.

COCO
(Cocos nucifera)

A. PROPIEDADES TERAPEUTICAS

Antiinflamatoria, diurética, antiparasitaria, mineralizante, calmante, nutriente, béquica.

B. INDICACIONES

FRUTOS

— Nefritis, cistitis, uretritis, úlceras gástricas, artritis.

Uso INTERNO: Agua de coco varias veces al día.

— Bronquitis asmática.

Uso INTERNO: 2 cucharadas soperas de leche de coco por la mañana y por la noche, acompañada por un té de berro.

— Disenterías.

Uso INTERNO: 2 tazas de leche de coco por día.

— Desnutrición.

Uso INTERNO: Fruto y agua, comido al natural.

— Tos bronquial rebelde.

Uso INTERNO: En forma de jarabe, varias cucharadas soperas por día.

— Parasitosis.

Uso INTERNO: 1 cucharada sopera de coco rallado diariamente, en ayunas.

C. HABITAT/CULTIVO

Originario de Polinesia, introducido en el Brasil por el año 1553. Suelo: alcalino, húmedo, fértil.

D. OBSERVACIONES

Modo de preparar el jarabe: introduzca en un coco verde, a través de un orificio, cierta cantidad de miel, taparlo y llevar enseguida a fuego lento hasta que la pulpa se disuelva.

DAMASCO
(Prunus armeniaca)

A. PROPIEDADES TERAPEUTICAS
Antiálgica, antiinflamatoria, nutriente, antianémica.

B. INDICACIONES
HOJAS
— Amigdalitis, faringitis.

Uso EXTERNO: Té por decocción, en gárgaras.

FRUTOS
— Anemia, desnutrición, convalecencia.

Uso INTERNO: Comidos al natural, como alimento.

C. HABITAT/CULTIVO
Arbol originario de China. Crece en terrenos calcáreos y bien drenados.

DATIL
(Phoenix dactylifera)

A. PROPIEDADES TERAPEUTICAS

Emoliente, antiinflamatoria, nutriente, antihemorrágica, diurética, eupéptica, lactígena, béquica.

B. INDICACIONES

FRUTOS

— Bronquitis, gota, artritis, nefritis, uretritis, cistitis, traqueítis.

Uso INTERNO: Té por decocción, 1 taza de tres a cinco veces al día.

— Diarrea, anemia, desnutrición, tuberculosis, insomnio, ansiedad, enterocolitis, avitaminosis C.

Uso INTERNO: Comidas al natural, como alimento.

C. HABITAT/CULTIVO

Planta originaria de Arabia y Norte de Africa. Prefiere climas cálidos y con pocas lluvias, no siendo muy exigente en relación al suelo.

DURAZNO
(Prunus persica)

A. PROPIEDADES TERAPEUTICAS

Colagoga, diurética, hipotensora, nutriente, sedante, antihemorrágica, laxante, cicatrizante, antiparasitaria, béquica, emenagoga.

B. INDICACIONES

HOJAS

— Dolores reumáticos, neuralgias.

Uso externo: Hojas amasadas en forma de cataplasma, aplicada sobre la zona, 2 a 3 veces al día.

— Heridas gangrenosas, erupciones cutáneas en general.

Uso externo: Hojas secas amasadas (o molidas), aplicadas sobre la zona dos veces por día.

FLORES

— Coqueluche, afecciones renales, parasitosis, obstrucción intestinal.

Uso interno: En infusión, una taza 3 a 5 veces al día.

FRUTOS

— Diabetes, gota, tuberculosis pulmonar, hipertensión arterial, afecciones de hígado y vesícula, anemia, obstrucción intestinal, herpes, reumatismo.

Uso interno: Comidos al natural, como alimento.

C. HABITAT/CULTIVO

Arbol originario de Persia. Crece en suelos silicoarcillosos, profundos y bien drenados.

FRAMBUESA
(Rubus idaeus)

A. PROPIEDADES TERAPEUTICAS

Laxante, diurética, vitaminizante, antiinflamatoria, astringente.

B. INDICACIONES

HOJAS

— Diarrea, disentería, cólicos intestinales, afecciones de las vías urinarias.

Uso INTERNO: En decocción, 25 grs. por litro de agua, 1 taza, tres a cinco veces al día.

— Estomatitis, gingivitis.

Uso EXTERNO: En decocción, bajo la forma de buches.

— Erisipela, eczema, úlceras, heridas, conjuntivitis.

Uso EXTERNO: En decocción, en forma de baños, dos o tres veces al día.

FLORES

— Reumatismo, hemorroides.

Uso INTERNO: En infusión, 1 taza tres a cinco veces por día.

FRUTOS

— Avitaminosis C.

Uso INTERNO: Comidos al natural, como alimento.

C. HABITAT/CULTIVO

Originaria de Europa, le agrada la sombra y la humedad.

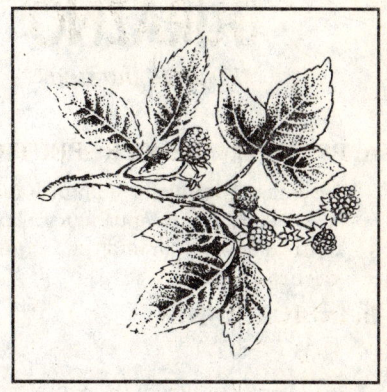

FRUTILLA
(Fragaria vesca)

A. PROPIEDADES TERAPEUTICAS

Diurética, astringente, antilítica, antianémica, neurotónica, eupéptica, cicatrizante.

B. INDICACIONES

HOJAS

— Diarrea crónica.

Uso interno: Té por decocción, 20 grs. de hojas frescas para 1/2 litro de agua, debe reducir a la mitad, 1 cucharada sopera dos veces al día.

— Ulceras y heridas.

Uso externo: Hojas trituradas en forma de cataplasma, aplicar dos veces al día.

FRUTOS

— Litiasis vesiculares y biliares, afecciones renales, bronquitis, hepatitis, gota, artritis, dispepsia, anemia.

Uso interno: Ingerirlo al natural o en jugo, tres veces al día.

— Los frutos son un tónico para el sistema nervioso.

C. HABITAT/CULTIVO

Era cultivado en huertas europeas desde el siglo XV.

Terrenos: arenoarcillosos, baja acidez. Se asocia bien con lechuga, tomate y espinacas.

D. OBSERVACIONES

Debe ser evitado por los obeso-diabéticos y los que tienen tendencias a urticarias.

GRANADA
(Punica granatum)

A. PROPIEDADES TERAPEUTICAS
Mineralizante, antiinflamatoria, astringente, eupéptica, antiparasitaria, antianémica.

B. INDICACIONES

FLORES

— Diarrea, hemorragia del útero, leucorrea.

Uso INTERNO: En decocción, flores secas y trituradas, 1 taza tres o cuatro veces al día.

FRUTOS

— Amigdalitis, faringitis, afecciones de las vías urinarias, gastritis, enteritis, hemorroides, afecciones febriles, cólicos intestinales, dispepsias.

Uso INTERNO: Jugo en forma de jarabe, 1 cucharada sopera cuatro veces al día.

CORTEZA

— Hemorragias de útero, leucorrea, disentería.

Uso INTERNO: En decocción, 1/2 taza tres veces al día.

— Parasitosis.

Uso INTERNO: En decocción, 1 vaso chico, cada 3 horas durante algunos días.

— Estomatitis, gingivitis, glositis.

Uso EXTERNO: En decocción, bajo la forma de buches, algunas veces al día.

CASCARA (frutos)

— Amigdalitis, faringitis.

Uso EXTERNO: En decocción, en forma de gárgaras, varias veces por día.

C. HABITAT/CULTIVO
Originaria de Africa, prefiere tierras húmedas y profundas.

GROSELLA NEGRA
(Ribes nigrum)

A. PROPIEDADES TERAPEUTICAS

Antiinflamatoria, béquica, antihemorrágica, eupéptica, antirreumática, estomacal.

B. INDICACIONES

HOJAS

— Gota.

Uso interno: En infusión, 1 taza tres o cuatro veces por día.

— Coqueluche, hipertrofia de las amígdalas, faringitis.

Uso interno: En infusión, 1 taza dos o tres veces por día.

— Reumatismo, artritis, dispepsias, afecciones renales.

Uso interno: Té por infusión, 1 taza tres a cinco veces por día.

— Coqueluche, asma, bronquitis asmática.

Uso interno: Jarabe, 1 cucharada sopera tres o cuatro veces por día.

— Gastralgias, inapetencia, afecciones hepáticas.

Uso interno: En decocción, 1 taza tres o cuatro veces por día.

— Abscesos, inflamaciones de la piel.

Uso externo: Hojas maceradas, uso tópico, en forma de cataplasmas aplicadas dos veces al día.

FRUTOS

— Hemoptisis.

Uso interno: 1 vaso tres veces al día.

— Amígdalas hipertrofiadas.

Uso externo: Jugo fresco, mezclado con agua de rosas (dos cucharadas soperas de jugo por 1 vaso de agua de rosas), en forma de gárgaras.

C. HABITAT/CULTIVO

Originaria de Europa. Prefiere suelos silicoarcillosos.

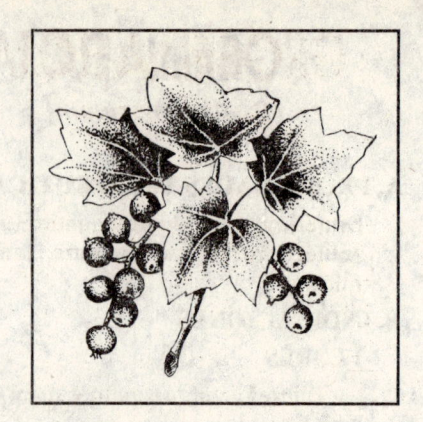

GROSELLA ROJA
(Ribes rubrum)

A. PROPIEDADES TERAPEUTICAS
Diurética, vitaminizante, antirreumática, antitérmica, antiinflamatoria, antihemorrágica, depurativa, laxante.

B. INDICACIONES
HOJAS

— Amigdalitis, estomatitis, faringitis, gingivitis.

Uso EXTERNO: En infusión, en forma de gárgaras o buches, dos o tres veces por día.

— Vaginitis, heridas, úlceras.

Uso EXTERNO: En infusión, bajo la forma de baños de asiento.

FRUTOS

— Reumatismo, gota, cálculo renal, avitaminosis C.

Uso INTERNO: Comidos al natural como alimento.

— Estados febriles, coqueluches.

Uso INTERNO: Jugo, varias tazas por día.

— Estomatitis, gingivitis.

Uso EXTERNO: Jugo, en forma de buches.

— Amigdalitis, hipertrofia de las amígdalas.

Uso EXTERNO: Jugo fresco, mezclado con agua de rosas (2 cucharadas soperas de jugo por 1 vaso de agua de rosas), en forma de gárgaras.

C. HABITAT/CULTIVO
Ver Grosella negra.

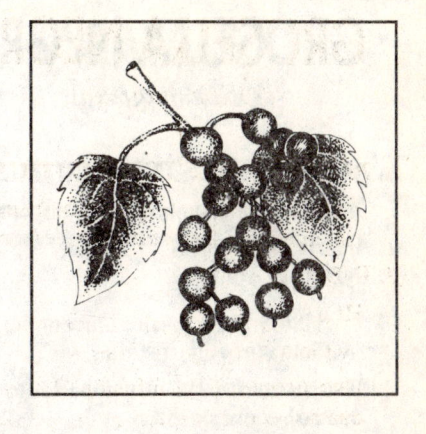

GUAYABA

(Psidium guayava)

A. PROPIEDADES TERAPEUTICAS
Astringente, vitaminizante, eupéptica.

B. INDICACIONES

HOJAS

— Hemorragia uterina, incontinencia urinaria, gastroenteritis, diarrea.

Uso interno: Té por decocción, 30 grs. de hojas por litro de agua, 1 taza tres a cinco veces por día.

FRUTOS

— Avitaminosis C, tuberculosis pulmonar, convalecencia.

Uso interno: Comidos al natural como alimento.

— Diarreas recurrentes.

Uso externo: Bajo la forma de enema aplicar el líquido de cocción de la fruta verde.

C. HABITAT/CULTIVO
Planta nativa de Brasil. Crece en climas tropicales.

HIGO
(Ficus carica)

A. PROPIEDADES TERAPEUTICAS

Laxante, diurética, antiinflamatoria, depurativa, digestiva, antiparasitaria.

B. INDICACIONES

HOJAS

— Metrorragias, diarreas, disenterías.

Uso INTERNO: Té por infusión, varias tazas al día.

HOJAS Y TALLOS

— Odontalgia.

Uso EXTERNO: En forma de látex (líquido blanco que se obtiene de las hojas y los tallos), colocándose un algodón embebido en la caries.

— Fiebre tifoidea, enterocolitis.

Uso INTERNO: Jugo diluido en igual cantidad de agua, varias cucharadas soperas al día.

— Amigdalitis purulentas, heridas infectadas.

Uso EXTERNO: Jugo puro, aplicación tópica.

FRUTOS

— Faringitis.

Uso EXTERNO: Té por decocción del fruto en forma de gárgaras.

— Litiasis biliar y renal.

Uso INTERNO: Ingerirlos al natural, como alimento.

C. HABITAT/CULTIVO

Arbol proveniente de Asia Menor, suelos silicoarcillosos.

LIMA
(Citrus aurantifolia)

A. PROPIEDADES TERAPEUTICAS
Antiácida, diurética, vitaminizante, antitérmica, antiálgica.

B. INDICACIONES
HOJAS

— Jaqueca.

Uso externo: Hojas maceradas, en forma de cataplasma en las sienes.

FRUTOS

— Hiperclorhidria, úlceras gástricas, avitaminosis C, afecciones renales.

Uso interno: 1 vaso varias veces por día (jugo).

— Afecciones febriles.

Uso interno: Jugo diluido en agua, 1 taza varias veces al día.

— Neuritis, pelagra, raquitismo.

Uso interno: Al natural, en forma de jugo, varios vasos al día.

CASCARAS

— Flatulencia, leucorrea, palpitaciones cardíacas.

Uso interno: En infusión, 1 taza después de cada comida.

C. HABITAT/CULTIVO
Ver NARANJA.

LIMON
(Citrus limon)

A. PROPIEDADES TERAPEUTICAS

Diurética, antitérmica, astringente, vitaminizante, alcalinizante, antiséptica, antianémica, aperitiva.

B. INDICACIONES

FRUTOS

— Afecciones febriles.

Uso INTERNO: Té por decocción, 1 limón cortado en rodajas con 1 litro de agua, 3 ó 4 tazas al día.

— Artritis, asma, gota, litiasis biliar y renal, nefritis, avitaminosis C, diabetes, hiperacidez gástrica, afecciones hepáticas, cistitis, estomatitis, piorrea, gripe, resfrío, anemia, raquitismo, tuberculosis, inflamaciones cutáneas en general.

Uso INTERNO: Cura de limón (por la mañana en ayunas comenzar con el jugo de 1 limón, aumentar 1 por día hasta llegar a 10; disminuir progresivamente 1 por día hasta volver al jugo de 1 limón; completar la cura en veinte días).

— Ulceras, heridas inflamadas.

Uso EXTERNO: Solo o diluido con agua, en baños locales, varias veces al día.

C. HABITAT/CULTIVO

Ver NARANJA.

MAMON
(Carica papaya)

A. PROPIEDADES TERAPEUTICAS

Laxante, antiparasitaria, eupéptica, diurética, emoliente, nutriente, antiinflamatoria, béquica, colagoga, emenagoga, antihemorrágica.

B. INDICACIONES

HOJAS

— Dispepsias.

Uso INTERNO: En decocción, 1 taza tres veces al día.

FLORES

— Bronquitis, traqueítis, laringitis.

Uso INTERNO: En infusión, endulzado con miel, 1 cucharada sopera a cada hora.

FRUTOS

— Dispepsias, gastritis, obstrucción intestinal, desnutrición.

Uso INTERNO: Comerlos al natural con las semillas.

— Diabetes, asma.

Uso INTERNO: Comerlos al natural por la mañana en ayunas.

— Parasitosis.

Uso INTERNO: látex —cortar la fruta y recoger la leche— diluir 20 grs. en una taza de agua, endulzar con miel, tomar por la mañana en ayunas.

RAICES

— Hematuria.

Uso INTERNO: En decocción, dosis normales.

C. HABITAT/CULTIVO

Originario de América tropical. Crece en clima húmedo y caluroso. Suelo fértil, bien drenado y húmedo.

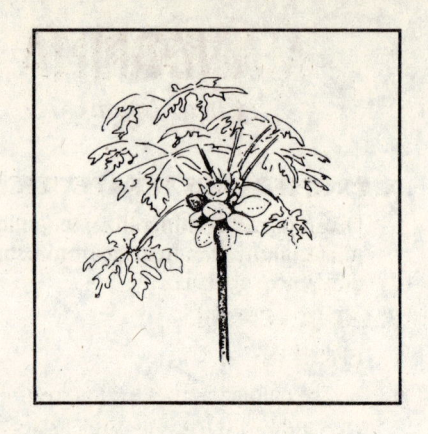

MANDARINA
(Citrus nobilis)

A. PROPIEDADES TERAPEUTICAS
Vitaminizante, mineralizante, antiesclerosante, antirreumática, neurotónica, antilítica, antiparasitaria.

B. INDICACIONES
FRUTOS
— Arteriosclerosis, gota, reumatismo, cálculos renales, cálculos vesiculares y cálculos biliares, lipomas, neuromas, tumores, avitaminosis C, desnutrición, convalecencia.

Uso interno: Ingeridos al natural, en forma de jugo de tres a cinco veces por día.

C. HABITAT/CULTIVO
Ver NARANJA.

MANGO
(Mangifera indica)

A. PROPIEDADES TERAPEUTICAS

Diurética, depurativa, vitaminizante, expectorante, nutriente, astringente, antiinflamatoria.

B. INDICACIONES

HOJAS

— Bronquitis asmática.

Uso INTERNO: Té por decocción endulzado con miel, una taza dos o tres veces por día.

— Estomatitis, gingivitis.

Uso EXTERNO: En decocción, en forma de buches, tres veces al día.

— Contusiones.

Uso EXTERNO: En decocción, friccionar la zona afectada, tres a cinco veces por día.

FRUTOS

— Avitaminosis C, afecciones renales, dispepsias.

Uso INTERNO: Comidos al natural como alimento.

— Bronquitis, traqueítis.

Uso INTERNO: Jarabe elaborado con miel, 1 cucharada sopera tres veces por día.

— Dispepsias, anemia, convalecencia, desnutrición.

Uso INTERNO: Comidos al natural, como alimento.

CORTEZA

— Afecciones febriles.

Uso INTERNO: En decocción, 1 taza dos veces al día.

C. HABITAT/CULTIVO

Arbol originario de la India. Crece en suelos profundos y bien drenados.

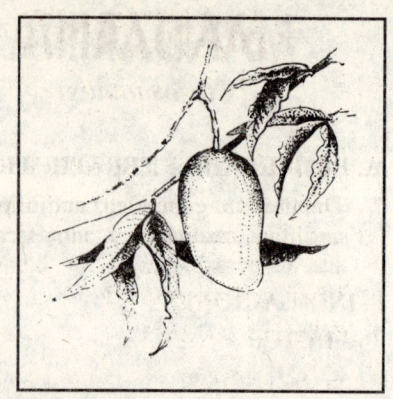

MANZANA
(Pirus malus)

A. PROPIEDADES TERAPEUTICAS

Depurativa, eupéptica, antiinflamatoria, antilítica, cardiotónica, antiálgica, cicatrizante, sedante, astringente, alcalinizante, béquica, antiespasmódica.

B. INDICACIONES

FRUTOS

— Dispepsias, hiperacidez gástrica, diabetes, reumatismo, gota.

Uso INTERNO: Al natural, maduras, como alimento.

— Tuberculosis pulmonar, neumonía, bronquitis, asma.

Uso INTERNO: asadas, 1 ó 2 diariamente.

— Amigdalitis, faringitis.

Uso EXTERNO: Jugo, en forma de gárgaras tres veces al día.

— Cálculos biliares y renales, difteria, uretritis, cistitis.

Uso INTERNO: Jugo, 1 a 3 vasos por día.

— Palpitaciones cardíacas.

Uso INTERNO: En forma de puré, tres veces al día.

— Conjuntivitis, blefaritis.

Uso EXTERNO: Jugo de manzana, bajo la forma de baños, dos veces por día.

— Dolores reumáticos.

Uso EXTERNO: Como jalea, bajo la forma de cataplasma.

— Heridas, escoriaciones.

Uso EXTERNO: Frutos rallados, bajo la forma de cataplasma, dos veces al día.

— Enterocolitis, disentería.

Uso INTERNO: Comidos al natural o rallados.

FLORES

— Cólicos en general, bronquitis.

Uso INTERNO: En infusión, dosis normal.

RAICES
— Afecciones febriles.

Uso interno: En decocción (corteza de la raíz), 1 taza tres a cinco veces por día.

C. HABITAT/CULTIVO
Originario de Asia Occidental, el manzano fue introducido en Europa. Prefiere clima templado, suelos silicoarcillosos, fértiles y bien drenados.

MELON
(Cucumis melo)

A. PROPIEDADES TERAPEUTICAS
Emoliente, alcalinizante, diurética, laxante, mineralizante, calmante, antilítica, antiparasitaria.

B. INDICACIONES
FRUTOS

— Gota, artritis, colitis, obstrucción intestinal, litiasis renal, nefritis, cistitis, fiebre tifoidea, hepatitis, cirrosis hepática, litiasis biliar.

Uso INTERNO: 1 taza del jugo, tres a cinco veces por día.

SEMILLAS

— Parasitosis.

Uso INTERNO: Masticar cierta porción de semillas en ayunas, 1 hora después de usar el laxante.

C. HABITAT/SUELO
Planta de origen africano, cultivada por los egipcios.

Suelo: arenoarcilloso bien drenado y rico en materia orgánica.

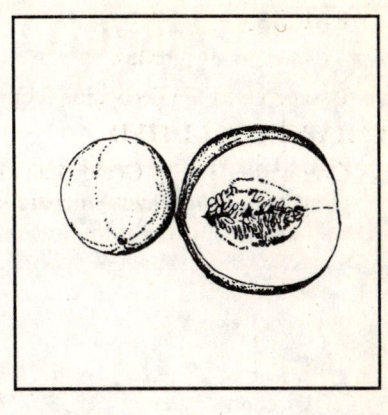

MEMBRILLO
(Cydonia oblonga)

A. PROPIEDADES TERAPEUTICAS

Astringente, nutriente, antihemorrágica, antiespasmódica, antiinflamatoria, emoliente, depurativa, antiálgica, cicatrizante, antiemética.

B. INDICACIONES

HOJAS

— Disentería, uremia.

Uso interno: En infusión, una taza 2 ó 3 veces al día.

FLORES

— Cólicos en general.

Uso interno: 1 taza tres veces al día.

FRUTOS

— Diarrea, vómitos persistentes, disentería amebiana, hemoptisis.

Uso interno: Té por decocción, membrillo cortado en rodajas, 1 taza tres o cuatro veces al día.

— Afecciones febriles, diarrea crónica.

Uso interno: Ingerir 1 vaso de jugo, tres veces por día.

— Hemorroides externas sanguinolentas.

Uso externo: Frutos cocidos en puré como cataplasma, aplicada dos veces al día.

C. HABITAT/CULTIVO

Planta de origen asiática. Suelo: silicoarcilloso, fértil y bien drenado. Prefiere climas templados.

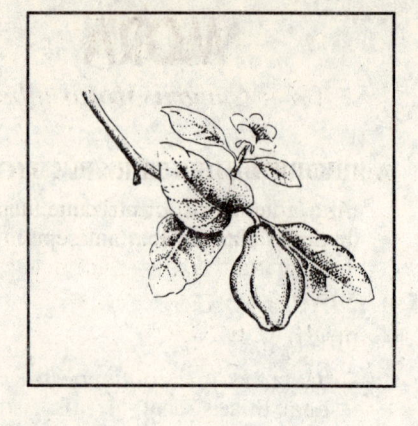

MORA
(Morus nigra, Morus alba)

A. PROPIEDADES TERAPEUTICAS

Antiinflamatoria, cicatrizante, depurativa, laxante, antitérmica, antiséptica, astringente, diurética, hipoglucemiante, antiparasitaria.

B. INDICACIONES

HOJAS

— Diabetes.

Uso interno: En infusión, 1 taza cuatro a seis veces por día.

— Heridas y úlceras.

Uso externo: Jugo, pasar por las partes afectadas tres veces por día.

FLORES

— Afecciones renales.

Uso interno: Té por infusión, endulzado con miel, 1 taza tres a cinco veces por día.

FRUTOS

— Reumatismo, gota, artritis.

Uso interno: Jugo, 1 vaso varias veces por día.

— Obstrucción intestinal.

Uso interno: En ayunas, comer un plato de moras al natural y luego enseguida un vaso de jugo de mora diluido en agua tibia.

— Amigdalitis, laringitis, gingivitis, glositis, afta.

Uso interno: Jugo caliente, endulzado con miel, 1 taza tres a cinco veces por día.

— Afecciones febriles.

Uso interno: Jugo diluido en agua, 1 vaso varias veces al día.

CORTEZA

— Dolores óseos en general.

Uso interno: En infusión, 1 taza tres a cinco veces por día.

— Diabetes.

Uso interno: En infusión, mezclar con jugo de ajo y cebolla, 1 taza tres veces por día.

CORTEZA (raíz)

— Parasitosis, bronquitis, tos rebelde, pleuresía, afecciones hepáticas.

Uso interno: En infusión, dosis normales.

C. HABITAT/CULTIVO

Originaria de China, crece bien en todo tipo de suelo.

NARANJA
(Citrus sinensis)

A. PROPIEDADES TERAPEUTICAS

Diurética, colagoga, vitaminizante, alcalinizante, depurativa, laxante, antiinflamatoria, calmante, antiespasmódica, aperitiva, eupéptica.

B. INDICACIONES

HOJAS

— Insomnio, ansiedad, espasmos musculares.

Uso interno: Ingerir té por decocción, 1 taza tres veces por día.

FRUTOS

— Avitaminosis C, resfríos, artritis, anemia.

Uso interno: Ingerir en forma de jugo natural, varios vasos al día.

C. HABITAT/CULTIVO

Proveniente de Asia Meridional. Terrenos silicoarcillosos.

NISPERO

(Eriobotrya japonica)

A. PROPIEDADES TERAPEUTICAS

Astringente, antihemorrágica, antiinflamatoria.

B. INDICACIONES

FRUTOS

— Diarrea crónica, hemorragias internas.

Uso INTERNO: Comidos al natural, varias veces por día.

CORTEZA

— Amigdalitis, laringitis, estomatitis.

Uso EXTERNO: En decocción, en forma de gárgaras.

C. HABITAT/CULTIVO

Originario de China, se cultiva también en Japón, India y Europa. Prefiere clima templado, suelos calcáreos fértiles y bien drenados.

NUEZ
(Juglans regia)

A. PROPIEDADES TERAPEUTICAS

Neurotónica, nutriente, laxante, antianémica, antidiabética, antiespasmódica, astringente.

B. INDICACIONES

FRUTOS (nueces)

— Obstrucción intestinal.

Uso INTERNO: Ingerir al natural o ralladas con manzanas.

— Tuberculosis ósea, diabetes, debilidad orgánica, desnutrición.

Uso INTERNO: Ingerir al natural.

— Estomatitis en general.

Uso EXTERNO: Ingerir jugo de nueces verdes endulzado con miel diluido con agua, efectuar buches dos o tres veces por día.

CASCARAS DEL FRUTO VERDE

— Anemia, raquitismo.

Uso INTERNO: Triturar 6 u 8 cáscaras de nueces verdes, endulzar con miel y hervir en 1/2 litro de agua, por 15 minutos. Tomar 2 vasos pequeños por día.

— Diabetes.

Uso INTERNO: Té por decocción, 40 grs. en 1 litro de agua, ingerir 1 taza dos veces al día.

— Cólicos en general.

Uso INTERNO: Por infusión de cáscara seca, quemada y pulverizada con un té de camomila o de anís; ingerir 1 taza de tres a cuatro veces por día.

C. HABITAT/CULTIVO

Arbol natural de Persia. Suelos: húmedos y profundos.

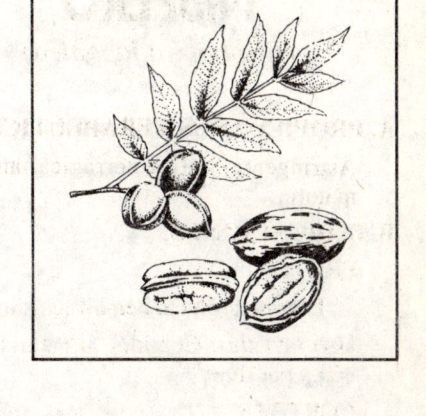

PALTA
(Persea gratissima)

A. PROPIEDADES TERAPEUTICAS

Diurética, carminativa, laxante, digestiva, vitaminizante, antiinflamatoria.

B. INDICACIONES

HOJAS

— Amenorrea, gases intestinales, afecciones renales.

Uso interno: Té por decocción, 1 taza de tres a cuatro veces por día.

— Estomatitis, gingivitis, náuseas.

Uso interno: Masticar pedazos de hojas frescas.

— Cefaleas, neuralgias en general.

Uso externo: Té por decocción, compresas en las partes afectadas, varias veces al día.

FLORES

— Amenorrea.

Uso interno: En decocción, una taza tres o cuatro veces al día.

FRUTOS

— Obstrucción intestinal, reumatismo, gota, afecciones renales y hepáticas.

Uso interno: Ingerir al natural, como alimento.

CAROZOS

— Disenterías y diarrea.

Uso interno: Tostados y molidos en forma de polvo, 2 cucharadas de café en una taza de agua tibia, ingerir tres veces al día.

— Inflamación de la piel.

Uso externo: El polvo de los carozos en forma de cataplasma, aplicada dos veces al día.

C. HABITAT/CULTIVO

Arbol originario de América Central, cultivado en todo Brasil. Argentina en norte y centro.

Suelo: silicoarcilloso, fértil y profundo.

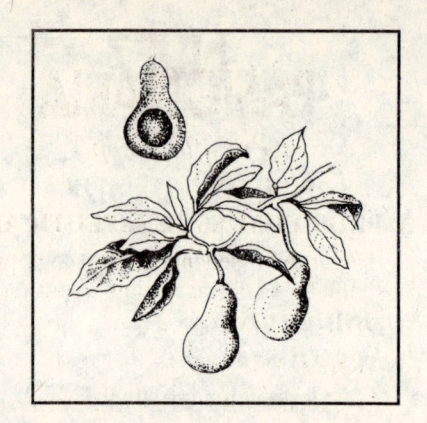

PASIONARIA
(Passiflora spp.)

A. PROPIEDADES TERAPEUTICAS

Depurativa, sedante, emenagoga, antiinflamatoria, astringente, antiparasitaria.

B. INDICACIONES

HOJAS

— Gota, artritis, erisipela, inflamaciones cutáneas.

Uso EXTERNO: Por decocción, en forma de baños calientes o bajo la forma de cataplasma.

— Hemorroides externas.

Uso EXTERNO: a) hojas trituradas, aplicación tópica.

b) té por decocción, bajo la forma de enema.

HOJAS Y RAICES

— Ansiedad, irritabilidad, insomnio, excitación nerviosa.

Uso INTERNO: En decocción, 1 taza una a tres veces por dia.

C. HABITAT/CULTIVO

Planta nativa de Brasil. Crece en terrenos silicoarcillosos, fértiles y de baja acidez. Clima: tropical (caluroso y húmedo).

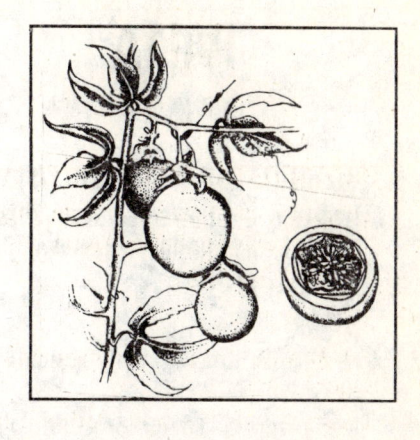

PERA
(Pyrus communis)

A. PROPIEDADES TERAPEUTICAS
Hipotensora, diurética, antiinflamatoria, depurativa, nutriente, laxante, antilítica.

B. INDICACIONES
HOJAS

— Cistitis, litiasis renal y vesicular, nefritis.

Uso interno: Té por infusión, 10 grs. para 1 litro de agua, 1 cucharada de tres a cinco veces por día.

FRUTOS

— Hipertensión arterial, obstrucción intestinal, convalecencia.

Uso interno: Ingerir al natural como alimento, en forma de jugo, 1 vaso tres veces por día.

C. HABITAT/CULTIVO
Proveniente de la región mediterránea de Europa.

Terrenos: silicoarcillosos.

PINO
(Araucaria angustifolia)

A. PROPIEDADES TERAPEUTICAS
Tónica, antianémica, nutritiva, energética.

B. INDICACIONES
HOJAS

— Anemias, debilidad orgánica.

Uso INTERNO: En decocción, dosis normales.

FRUTOS

— Desnutrición, anemia, debilidad general, convalecencia.

Uso INTERNO: Cocidos, comidos como alimento.

C. HABITAT/CULTIVO
Se reproduce por semillas, prefiere suelos silicoarcillosos, húmedos, ricos en materia orgánica.

D. OBSERVACIONES
Las piñas maduran generalmente de abril a junio.

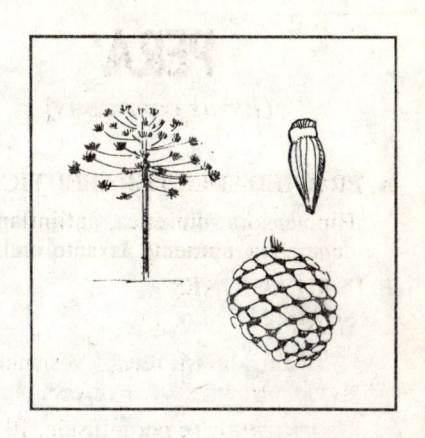

SANDIA
(Citrullus vulgaris)

A. PROPIEDADES TERAPEUTICAS

Diurética, laxante, antiinflamatoria, hipotensora, carminativa, antitérmica, eupéptica.

B. INDICACIONES

FRUTOS

— Gota, reumatismos, afecciones renales.

Uso interno: Ingerir al natural o en forma de jugo, 1 vaso varias veces al día.

— Hipertensión arterial, uretritis, cistitis, cólicos intestinales, flatulencia, bronquitis crónica, dispepsia.

Uso interno: Ingerir jugo, 1 vaso varias veces al día.

— Afecciones febriles.

Uso interno: Ingerir jugo varias veces al día, rodajas del fruto sobre el abdomen.

— Erisipela.

Uso externo: Utilizar la pulpa y la cáscara, trituradas en forma de cataplasma.

C. HABITAT/CULTIVO

Planta de origen africano. Crece en terrenos arenoarcillosos con temperaturas que varían entre 18° y 26°C; el frío intenso le es perjudicial. Se asocia bien con el maíz.

UVA
(Vitis vinifera)

A. PROPIEDADES TERAPEUTICAS
Vitaminizante, mineralizante, diurética, depurativa, antiinflamatoria, nutriente, calmante, astringente, antianémica, laxante, colagoga, alcalinizante.

B. INDICACIONES
FRUTOS

— Arteriosclerosis, anemia, dispepsia, gastroenteritis, disentería, afecciones hepáticas, bronquitis crónica, nefritis, cistitis, tuberculosis pulmonar, gota, hemorroides, obstrucción intestinal, litiasis renal, vesicular y biliar, eczema, afecciones febriles, desnutrición.

Uso INTERNO: Ingerir al natural o en forma de jugo, varias veces al día.

C. HABITAT/CULTIVO
Proveniente del mediterráneo. Crece en todo tipo de suelo.

Tercera Parte

HIERBAS MEDICINALES

Bajo este título se presentan las hierbas medicinales propiamente dichas, y los arbustos y árboles con iguales propiedades.

ACACIA
(Acacia decurrens)

A. SINONIMOS

Acacia de Australia, acacia negra.

B. PROPIEDADES TERAPEUTICAS

Antiasmática, astringente.

C. INDICACIONES

CORTEZA

— Asma, bronquitis asmática.

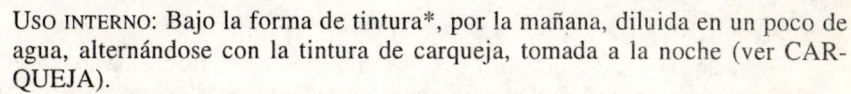

Uso interno: Bajo la forma de tintura*, por la mañana, diluida en un poco de agua, alternándose con la tintura de carqueja, tomada a la noche (ver CARQUEJA).

Observacion: Cuanto más crónico sea el asma, tanto más prolongado deberá ser el uso alternado de esas tinturas y podrá extenderse de 2 a 12 meses, o más, si fuera necesario.

D. HABITAT/CULTIVO

Arbol grande, ornamental, originario de Australia. Posee gran concentración de tanino.

Se reproduce por semillas que son de difícil germinación. Crece bien aun en suelos inferiores, siempre que no sean excesivamente calcáreos.

---

* Ver en Informaciones Complementarias el modo de preparación y la dosis normal para tintura.

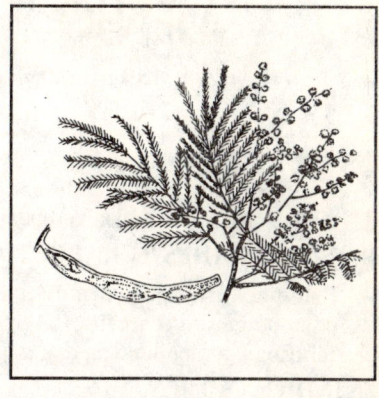

AJENJO
(Artemisia vulgaris)

A. SINONIMOS
Artemisa vulgar, hierba de San Juan, artemisa común, artemisa verdadera.

B. PROPIEDADES TERAPEUTICAS
Estomacal, tónica, carminativa, antiespasmódica, antiparasitaria, emenagoga, febrífuga, antiepiléptica, depurativa.

C. INDICACIONES
HOJAS Y RAICES
— Afecciones gástricas (atonía, gastritis, hipoclorhidria, etc.), afecciones hepáticas y biliares, anorexia, diarrea, flatulencia, enteritis, cólicos intestinales, parasitosis, trastornos menstruales, ansiedad, reumatismos, anemia.

Uso INTERNO: Té por infusión, 15 grs. por litro de agua, tomar tragos durante el día.

— Corea (Baile de San Vito), manifestaciones epilépticas.

Uso INTERNO: Infusión, 15 grs. por litro de agua, 2 a 4 tazas por día.

— Dolores reumáticos.

Uso EXTERNO: El cocimiento se emplea para la aplicación de compresas calientes, tres veces por día.

HOJAS
— Anemia, intoxicaciones endógenas y exógenas.

Uso INTERNO: El jugo de hojas frescas, en dosis normales, es eficaz purificador y fortalecedor de la sangre.

D. HABITAT/CULTIVO
Originaria de Europa, se ha aclimatado bien en algunos países de América del Sur, donde se cultiva en huertas y jardines.

Se reproduce por estacas (ramas de una planta adulta vigorosa) o por gajos, deben plantarse al comienzo del período de las lluvias, en otoño o primavera. Prefiere suelos ricos en materia orgánica y lugares bien aireados y con mucho sol.

E. OBSERVACIONES
a) No se recomienda su uso en mujeres que amamantan.

b) La planta es tóxica cuando se utilizan dosis mayores de las indicadas.

ALBAHACA
(Ocimun spp.)

A. SINONIMOS

Albahaca de América, remedio de vaquero, hierba real.

B. PROPIEDADES TERAPEUTICAS

Pectoral, estomacal, diurética, sudorífica, febrífuga, carminativa, béquica, tónica, antiemética.

C. INDICACIONES

HOJAS Y FLORES

— Afecciones de las vías respiratorias (tos, bronquitis, gripe, resfríos, etc.), dispepsia, flatulencia, afecciones gástricas e intestinales, disuria, afecciones febriles, debilidad nerviosa.

Uso interno: Té por infusión o decocción, 10 a 15 grs. por litro de agua, 4 a 5 tazas por día.

— Amigdalitis, estomatitis, gingivitis, faringitis, afta.

Uso externo: Té por decocción, bajo la forma de buches o gárgaras, 3 a 5 veces por día.

— Heridas y úlceras.

Uso externo: Hojas frescas machacadas en forma de cataplasma.

D. HABITAT/CULTIVO

Originaria de Asia o Africa, siendo hoy cultivada en huertas y quintas de América del Sur. Propia de climas cálidos, no soporta el frío.

Se reproduce por semillas o por estacas de una planta adulta vigorosa, se planta todo el año en las regiones cálidas, siendo la mejor época el comienzo de las lluvias. Necesita de sol, pero no en exceso, debe cuidarse del viento. Lo ideal es cultivarla en un lugar con poca sombra y protegida. Prefiere suelos fértiles y blandos, bien drenados y sin charcos.

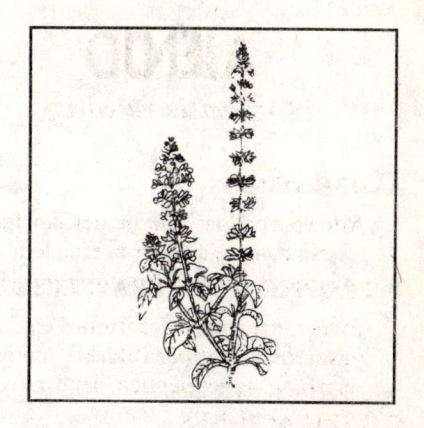

ALOE
(Aloes spp.)

A. SINONIMOS
Hierba babosa, caraguata, caraguata de jardín, aloe del cabo.

B. PROPIEDADES TERAPEUTICAS
Resolutiva, emoliente, antiséptica, cicatrizante, antiinflamatoria.

C. INDICACIONES
HOJAS

— Inflamaciones, quemaduras, eczemas, erisipelas, caída del cabello.

Uso externo: Jugo fresco para aplicación tópica, siendo eficiente resolutivo y emoliente.

— Heridas, inflamaciones de los ojos.

Uso externo: La pulpa interna de las hojas, para aplicación tópica, actúa como eficiente cicatrizante y resolutivo.

— Hemorroides.

Uso externo: Las hojas, sin la cutícula, se utilizan como supositorios.

D. HABITAT/CULTIVO
Originaria de Africa y Asia, se encuentra en Sudamérica, donde es muy cultivada en jardines. Prefiere los climas cálidos.

Se reproduce por brotes que crecen lateralmente de la planta madre o a través de semillas plantadas durante todo el año. Crece en suelos poco arcillosos, con mucho sol, en clima húmedo, aunque soporta bien el seco, con riegos moderados en el verano y esporádicos en el invierno. El exceso de agua en la raíz o en las hojas puede provocar su deterioro.

E. OBSERVACIONES
Debe tenerse mucho cuidado con el uso de esta planta por vía oral.
Debido a sus efectos drásticos no hacemos indicaciones al respecto.

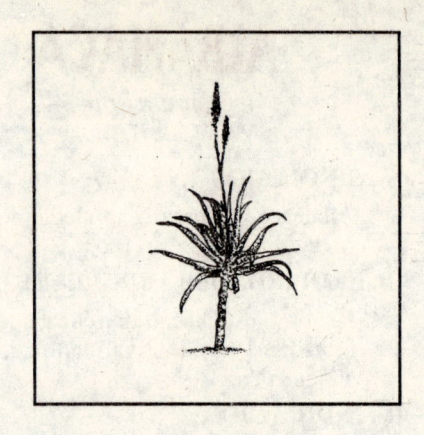

AMBAY
(Cecropia peltata)

A. SINONIMOS PARA BRASIL

Ambahú, palo de lija, umbaúba, imbauba, ambaiba.

B. PROPIEDADES TERAPEUTICAS

Astringente, diurética, cardiotónica, béquica, expectorante, antidiabética.

C. INDICACIONES

HOJAS

— Afecciones de las vías respiratorias (asma, bronquitis, tos, tos convulsa, etc.), debilidad cardiomuscular, oliguria, anuria, mal de Parkinson, diabetes, hidropesía.

USO INTERNO:

a) en decocción, dosis normales.

b) jugo de hojas frescas: diluir una cucharada sopera del jugo en una taza de agua, al principio, beber un sorbo cada hora, disminuyendo la frecuencia de la toma, a las primeras señales de mejoría.

OBSERVACION: Las hojas y los brotes son astringentes.

RAICES

— Se utiliza la decocción o el jugo de las raíces con la misma finalidad y proporción que la decocción y el jugo de las hojas.

OBSERVACION: Parece que el efecto del jugo de las hojas o de las raíces es más intenso que la decocción.

LATEX

— Heridas crónicas, úlceras gangrenosas, verrugas.

USO EXTERNO: Tópico, siendo el látex cáustico.

D. HABITAT/CULTIVO

Las varias especies de ambay conocidas, se distribuyen principalmente en las regiones tropicales y región amazónica y menos frecuentemente en las zonas secas. Es un árbol típico de regiones selváticas y húmedas, creciendo también en pasturas, al borde de caminos y plantaciones de árboles frutales.

Se reproduce por semillas, prefiriendo las márgenes de los ríos y climas calurosos y húmedos.

E. OBSERVACIONES

Produce un fruto comestible parecido al higo.

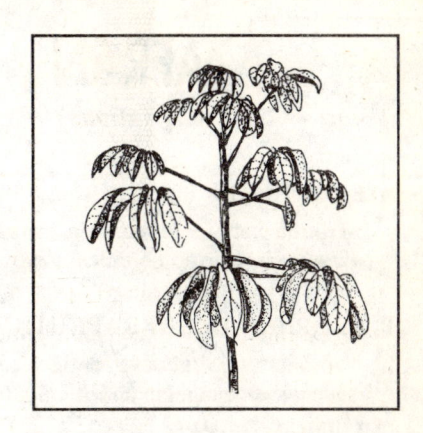

AZAFRAN
(Crocus sativus)

A. SINONIMOS
Azafrán verdadero, azafrán oriental, flor de aurora, flor de hércules, azafrán cultivado.

B. PROPIEDADES TERAPEUTICAS
Carminativa, digestiva, antiespasmódica, sedante, emenagoga, antilítica, diurética.

C. INDICACIONES
ESTIGMAS SECOS

— Flatulencia, gastralgias, atonía digestiva, afecciones en las vías urinarias, cálculos renales, de la vesícula y vejiga, afecciones respiratorias (asma, tos, bronquitis, tos convulsa, etc.).

Uso interno: En infusión, 8 a 10 estigmas por taza de agua, tomar de 1 a 3 tazas apor día.

Observacion: No aumentar esta dosis. Una dosis superior a 10 grs. puede producir alteraciones en el sistema nervioso.

RAICES

— Atonía digestiva, trastornos de circulación.

Uso interno: En infusión a razón de una cucharada de postre por 1 taza de agua, 1 a 3 veces por día, acelerando la digestión, la circulación y estimulando la diuresis.

D. HABITAT/CULTIVO
Planta probablemente originaria del Asia Menor, hoy cultivada y bastante común en América del Sur.

Se reproduce por bulbos-hijos, seleccionados el año anterior. Propia de climas templados y calurosos, prefiere suelos arenoarcillosos, fértiles, profundos, blandos y bien drenados. Se planta en primavera o comienzos del verano.

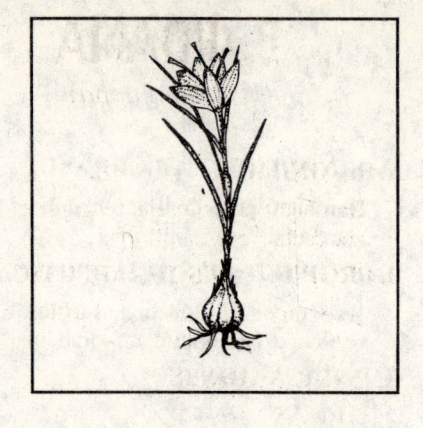

BARDANA
(Arctium lappa)

A. SINONIMOS

Bardana mayor, oreja de gigante, lampazo, cachurrera, cadillo.

B. PROPIEDADES TERAPEUTICAS

Depurativa, diurética, sudorífica, estomacal.

C. INDICACIONES

RAICES

— Afecciones de la piel en general, afecciones de las vías urinarias (cálculos renales y vesiculares, cólicos, inflamaciones, etc.), reumatismo y gota, afecciones gástricas, hepáticas y biliares, enfermedades venéreas, debilidad cardíaca.

Uso interno: Té por decocción, dosis normal.

Observacion: La decocción de raíces en dosis más concentrada que la normal actúa como antídoto en caso de envenenamiento por mercurio.

— Reumatismo, contusiones, inflamaciones localizadas.

Uso externo: Decocción, bajo la forma de compresas.

Observacion: Las hojas y semillas tienen las mismas propiedades de las raíces.

D. HABITAT/CULTIVO

La variedad bardana mayor es originaria de Japón, bien aclimatada en América del Sur, también se cultiva con fines alimenticios.

Se reproduce por semillas plantadas preferentemente en primavera y otoño. Prefiere suelos arenoarcillosos, profundos, fértiles y bien drenados para permitir la penetración profunda de las raíces. Después de 3 meses las raíces pueden ser cosechadas para el consumo. Las que no sean usadas, pueden dejarse en la tierra. Deben ser retiradas antes del florecimiento de la planta; después del florecimiento pierden sus propiedades.

E. OBSERVACIONES

a) La raíz cocida es comestible, siendo muy nutritiva y estimulante del sistema nervioso.

b) Los brotes y hojas nuevas también son comestibles y otrora formaron parte de la alimentación humana.

BERRO
(Nasturtium officinale)

A. SINONIMOS
Berro de río, agrión.

B. PROPIEDADES TERAPEUTICAS
Diurética, astringente, antiescorbútica, depurativa, antidiabética, colagoga, antiparasitaria, digestiva, expectorante, antiinflamatoria.

C. INDICACIONES
HOJAS Y TALLOS

— Hipotiroidismo, litiasis renal.

Uso interno: En forma de ensalada, como preventivo.

— Parasitosis.

Uso interno: Jugo, una taza de café dos veces por día.

— Estomatitis, gingivitis.

Uso externo: En maceración, bajo la forma de buches, una vez al día, en ayunas.

— Bronquitis crónica.

Uso interno: Jugo, de 60 a 150 ml, una vez al día.

— Amenorrea, dismenorrea, litiasis vesical, hepatitis.

Uso interno: Jugo, una taza de té, dos veces por día.

— Bronquitis aguda.

Uso interno: Jarabe (300 grs. de jugo y 400 grs. de miel), una cucharada sopera, 3 a 5 veces por día.

— Ulcera, heridas y abscesos infectados.

Uso externo: Bajo la forma de cataplasma, aplicar dos veces al día.

D. HABITAT/CULTIVO
Originaria de Europa, es una planta acuática; crece en riachos, pantanos y lugares húmedos, puede cultivarse en canteros. Prefiere suelos de baja acidez, con mucha materia orgánica, capaz de retener gran cantidad de agua. El clima ideal para su crecimiento es el templado, con temperaturas que varían entre 16°C y 29°C, pero también se adapta a climas más calientes.

E. OBSERVACIONES

a) En grandes cantidades, el berro está contraindicado en el comienzo del embarazo y puede provocar irritaciones en el estómago y en las vías urinarias.

b) El jugo puro es muy picante y para mejorar su gusto se puede mezclar con jugo de naranja o de limón.

c) Ver BROTES DE BERRO.

El berro (Nasturtium officinale) a pesar de ser cultivado entre nosotros como hortaliza, crece espontáneamente, en estado silvestre en Europa, de donde es originario, motivo por el cual los autores prefirieron incluirlo en la sección de hierbas medicinales y no de hortalizas.

BOLDO
(Coleus barbatus)

A. SINONIMOS
Falso boldo, malva santa, malva amarga, boldo de Brasil.

B. PROPIEDADES TERAPEUTICAS
Tónica, eupéptica, hepática, colagoga. Estimula la producción de la bilis, calmante, carminativa, antirreumática, estomacal.

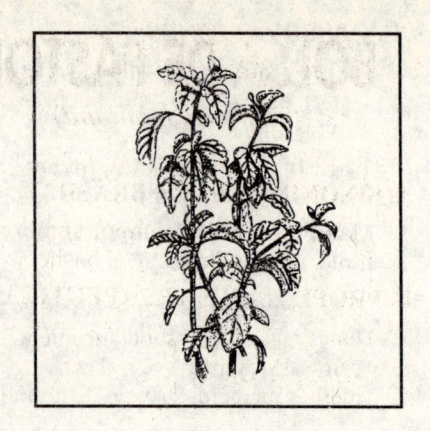

C. INDICACIONES
HOJAS

— Afecciones hepáticas (hepatitis, cólicos, congestión, etc.), dispepsias, flatulencia, estreñimiento crónico, afecciones gástricas, inapetencia, cálculos biliares, debilidad orgánica.

Uso INTERNO: En cocimiento, dosis normales, actúa como verdadero específico en afecciones hepáticas y vesiculares, favoreciendo la digestión.

— Insomnio.

Uso EXTERNO: Se utiliza su cocimiento en forma de baños, actúa como tranquilizante y proporciona un sueño reparador.

D. HABITAT/CULTIVO
Se encuentra en América del Sur en huertas y jardines.

Se reproduce por estacas (ramas de la planta madre), no es exigente en cuanto al al suelo. Debe plantarse al ser retirada de la planta, preferentemente, en un período de lluvias, para facilitar que prenda. Si no hubiera lluvias, regar diariamente hasta que prenda, y después más espaciadamente. Las hojas pueden ser retiradas, pocos meses después de plantada. Se recomienda retirar las hojas antes de la floración, pues en este período pierden parte de sus propiedades terapéuticas.

E. OBSERVACIONES
a) En América del Sur crecen dos variedades, en forma de hierba de hasta 80 cm. de altura y en forma de árbol de más de 8 m. (Chile y sur de Argentina). Ambas poseen similares propiedades.

b) Usado en dosis altas puede producir irritación en la mucosa del estómago.

BOLSA DE PASTOR
(Zeyheria montana)

A. SINONIMOS PARA BRASIL

Mandioquita del campo, sombrero de fraile, mandioquita brava, buche.

B. PROPIEDADES TERAPEUTICAS

Depurativa, antisifilítica.

C. INDICACIONES

CORTEZA DE RAICES

— Afecciones de la piel (eczemas secos y húmedos, erupciones, urticarias, heridas, úlceras, abscesos, manchas, etc.).

Uso interno: En decocción y en dosis normales.

— Enfermedades crónicas, reumatismo, infecciones crónicas, intoxicación endógena y exógena.

Uso interno: En decocción y en dosis normales, actúa como eficiente depurativo de la sangre.

CORTEZA DE TALLOS

— Sífilis.

Uso interno: En decocción, dosis normales.

D. HABITAT/CULTIVO

Arbusto de América del Sur, crece en yuyales, terrenos secos y pedregosos.

Se reproduce por semillas, exigiendo poco en materia de agua, suelo y cuidados generales.

E. OBSERVACIONES

No hay que confundir esta planta en forma de arbusto de 2 a 3 metros de altura, con la verdadera bolsa de pastor (Capsella bursa pastoris), que es una planta herbácea de hasta 60 cm. de altura.

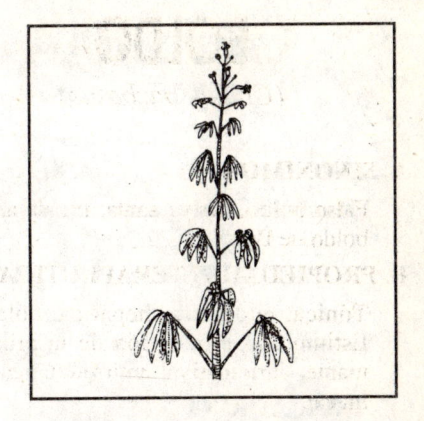

CALENDULA
(Calendula officinalis)

A. SINONIMOS PARA BRASIL
Maravilla de los jardines, margarita dorada.

B. PROPIEDADES TERAPEUTICAS
Vulneraria, resolutiva, tónica, antiespasmódica, antiséptica, emenagoga, analgésica.

C. INDICACIONES

HOJAS Y FLORES

— Heridas, úlcera, acné, inflamaciones purulentas.

Uso externo: Las hojas y las flores se pasan por el mortero hasta obtener una pasta, que luego es aplicada entre dos paños o directamente sobre las heridas. Esta pasta es considerada un poderoso antiséptico.

— Ulceras gastroduodenales.

Uso interno: En infusión o decocción, dosis normales. También posee propiedades analgésicas y emenagogas.

FLORES

— Ictericia, escorbuto, inflamaciones de los ojos.

Uso interno: En infusión, dosis normales. Este té es además estimulante y antiespasmódico.

HOJAS

— Artritis, afecciones nerviosas.

Uso interno: En infusión o decocción, dosis normales.

— Callos, verrugas, pólipos.

Uso externo: Jugo de hojas frescas, uso tópico.

D. HABITAT/CULTIVO

Originaria de Europa, actualmente se encuentra en casi todo el mundo y bien aclimatada en América del Sur, prefiere las regiones litoraleñas, no obstante es bastante cultivada en jardines.

Se reproduce por semillas, directamente en los canteros o en los semilleros, durante la primavera o el verano. Le agrada bastante el sol, prefiere suelos fértiles, profundos, frescos y permeables.

CAMBA
(Bauhinia forficata)

A. SINONIMOS PARA BRASIL
Pata de vaca, uña de buey, uña de anta, mororó.

B. PROPIEDADES TERAPEUTICAS
Antidiabética, tónica, renal, diurética, depurativa.

C. INDICACIONES
HOJAS, CORTEZA Y RAIZ

— Afecciones renales y urinarias (incontinencia, poliuria, etc.), diabetes.

Uso INTERNO: En decocción, dosis normales, posee la propiedad de reducir la excreción urinaria a proporciones normales y la de impedir la presencia de azúcar en la orina.

Uso EXTERNO: En infusión o decocción, bajo la forma de baños.

— Elefantiasis.

Uso INTERNO: En infusión o decocción (principalmente de las hojas), dosis normales.

Uso externo: En infusión o decocción, bajo la forma de baños.

D. HABITAT/CULTIVO
Originaria de Asia, crece en América del Sur en áreas de pasturas, borde de caminos y terrenos baldíos.

Se reproduce por semillas; de fácil cultivo, no es exigente en cuanto a suelos y otros cuidados.

E. OBSERVACIONES
Entre las distintas variedades conocidas como cambá, ésta es la que más se destaca por sus propiedades terapéuticas. Arbol de 4 a 8 metros de altura, que posee su tallo con espinas, flores blancas y hojas con surcos profundos semejando patas de vaca.

CARQUEJA
(Baccharis trimera)

A. SINONIMOS
Carqueja amarga.

B. PROPIEDADES TERAPEUTICAS
Tónica, estomacal, hepática, antidiarreica, febrífuga, aperitiva, eupéptica, diurética, depurativa, antiparasitaria, sudorífica, antidiabética, amarga, antiasmática.

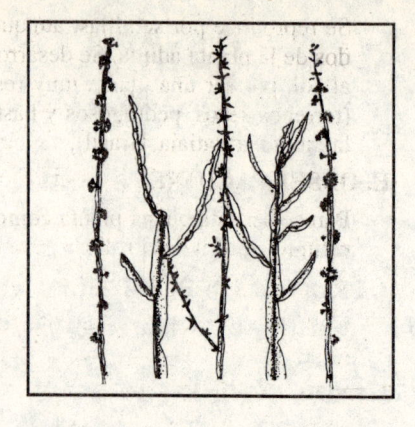

C. INDICACIONES
PLANTA COMPLETA

— Afecciones gástricas e intestinales, dispepsias, afecciones hepáticas y biliares (ictericia, cálculos biliares, etc.), diabetes, afecciones de las vías urinarias, parasitosis, afecciones febriles, enfermedades del bazo, hidropesía.

USO INTERNO: En infusión o decocción, dosis normales, con muy buenos resultados en las dispepsias que ocasionan mala digestión y debilidad general.

OBSERVACION: En los casos de diabetes disminuye el azúcar de la sangre hasta su normalización total.

— Asma, bronquitis asmática.

USO INTERNO: En forma de tintura, se toma a la noche, diluida en un poco de agua, alternándose con tintura de cáscaras de acacia, tomada por la mañana (ver Acacia).

OBSERVACION: Cuanto más crónico sea el asma, más prolongado deberá ser el uso alternado de estas tinturas, pudiendo extenderse de 2 a 12 meses, o más si fuera necesario.

— Reumatismo, gota, heridas y úlceras, enfermedades venéreas, lepra.

USO INTERNO: En infusión o decocción, dosis normales, actúa como diurético, depurativo y disolvente.

USO EXTERNO: En decocción fuerte, 60 grs. por litro de agua, bajo la forma de baños parciales o completos, o compresas localizadas.

— Estomatitis, gingivitis, amigdalitis, faringitis, afta.

USO EXTERNO: En decocción, bajo la forma de gárgaras y buches.

D. HABITAT/CULTIVO
Probablemente originaria de Brasil, crece abundantemente en regiones de campos, pasturas, borde de rutas, a lo largo de cercas, terrenos baldíos, terrenos secos y pedregosos y también en los lugares húmedos, ribera de ríos, etc.

Se reproduce por semillas, aunque también y preferentemente por brotes retirados de la planta adulta. Se desarrolla muy bien en terrenos húmedos y expuestos al sol, por ser una planta muy resistente, se adapta a condiciones bien agrestes (terrenos secos, pedregosos y hasta a 2.800 m. por encima del nivel del mar, en la montaña Itatiaia, Brasil).

E. OBSERVACIONES

Parece ser una buena planta como compañera para la manzanilla, protegiendo y estimulando su desarrollo.

CASCARILLA
(Croton antisyphiliticus)

A. SINONIMOS PARA BRASIL

Canilla de perdiz, hierba de corral, pie de perdiz, mercurio del campo.

B. PROPIEDADES TERAPEUTICAS

Depurativa, diurética, emoliente, resolutiva, tónica, sudorífica, antirreumática, antisifilítica.

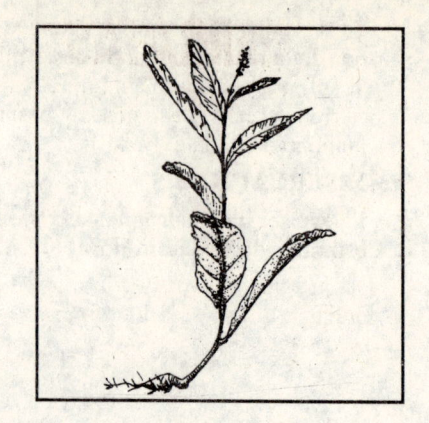

C. INDICACIONES

HOJAS Y RAICES

— Dermatosis en general (urticaria, úlceras, manchas, erupciones cutáneas, etc.) enfermedades venéreas, picadura de víbora, afecciones en las vías urinarias, reumatismo.

Uso INTERNO: En decocción, a razón de 10 grs. por litro de agua, 4 a 5 tazas por día, siendo considerada una hierba depurativa y diurética muy enérgica.

OBSERVACION: Este té también es usado como antídoto para los diversos venenos de víboras.

— Adenitis, heridas, úlceras.

Uso EXTERNO: a) té por decocción en forma de baños u hojas frescas en forma de cataplasma.

b) hojas secas y reducidas a polvo, se aplica en la herida para acelerar su cicatrización.

D. HABITAT/CULTIVO

Planta nativa de América del Sur, muy común, se encuentra en campos y regiones agrestes, es muy frecuente también en terrenos áridos y pedregosos.

Se reproduce por semillas, es una planta muy resistente y poco exigente en términos de suelo y cuidados generales.

E. OBSERVACIONES

No confundir con cascarilla, cáscara externa del fruto del árbol de cacao.

CERRAJAS
(Sonchus oleraceus)

A. SINONIMOS
Achicoria brava, cerrajera, cerraja blanca.

B. PROPIEDADES TERAPEUTICAS
Depurativa, desobstruyente, astringente, tónica, estomacal, antioftálmica.

C. INDICACIONES
HOJAS

— Hepatitis crónica, infartos glandulares.

Uso interno: En decocción, dosis normales, actúa como desobstruyente en estas afecciones y además como excelente depurativo.

— Diarreas y disenterías, debilidad nerviosa, afecciones de la vista, atonía gástrica.

Uso interno: En decocción, dosis normales, fortaleciendo el sistema nervioso, el estómago y la vista.

D. HABITAT/CULTIVO
Nativa del Norte de Africa, Asia Menor y Europa, se ha naturalizado en la mayor parte del mundo (56 países), crece espontáneamente en América del Sur, en áreas agrícolas, pasturas, terrenos baldíos, huertas, plantaciones frutales y bordes de caminos, principalmente en el período más templado del año.

Se reproduce por semillas con facilidad, prefieren suelos fértiles y ricos en materia orgánica.

E. OBSERVACIONES
Sus hojas nuevas son comestibles en ensaladas o rehogadas.

COLA DE CABALLO
(Equisetum arvense)

A. SINONIMOS
Rabo de mula, equiseto, equiseto mayor, limpia plata, yerba del platero.

B. PROPIEDADES CURATIVAS
Diurética, depurativa, purificadora de vías urinarias, astringente, hepática, antidiarreica, reguladora (coadyuvante) de las funciones de tiroides, bazo y páncreas, bronquial, antianémica, oftálmica (molestias en los ojos), tónico capilar anticaspa y antiseborreico.

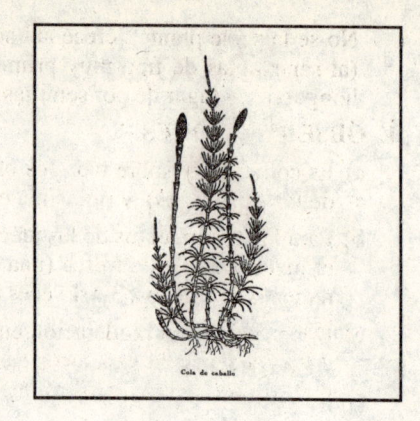

C. INDICACIONES
PLANTA ENTERA (excepto la raíz)

— Retención de líquidos, afecciones de los riñones y vejiga, limpieza del organismo y el hígado, hemorragias y pérdidas de sangre de todo tipo, diarreas (con o sin sangre), tiroides, bazo, páncreas, afecciones pectorales (incluso bronquitis crónicas y tuberculosis), anemia y fortalecimiento de la sangre en general.

USO INTERNO: Por infusión, en dosis normales (para vías urinarias: 10 grs. por litro de agua) 2 tazas por día.

— Hemorragias (incluso las nasales), diarreas, heridas, herpes, llagas, etc.

USO EXTERNO: La infusión (más cargada) aplicada a temperatura ambiente en lavajes, compresas, inhalaciones, irrigaciones, baños, lavativas, etc. También puede tomarse la infusión preparada de modo normal, como complemento.

— Infecciones y molestias oculares.

USO EXTERNO: La infusión (más concentrada) aplicada a temperatura ambiente, como colirio (baños oculares) tres veces por día, o bien en fomentos aplicados sobre los ojos, renovados varias veces por día.

— Alopecía (caída del cabello), caspa y seborrea.

USO EXTERNO: Lavarse la cabeza con una decocción de 10 minutos de 40 a 60 grs. de Cola de Caballo por litro de agua, 2 ó 3 veces al mes si el problema capilar no es grave; en caso de realmente serlo, pueden llegarse a efectuar hasta 2 ó 3 lavados por semana, sin perjuicio.

D. HABITAT/CULTIVO
De origen americano, esta planta se da en zonas ricas en aguas (lugares inundados, bañados y a orillas de ríos y arroyos) tanto de llanura como de montaña, como así también en las dunas y médanos de la costa Atlántica.

No se la suele plantar, crece abundantemente por todos lados en forma silvestre (al ser plantas de tipo muy primitivo), se reproducen por esporas —como los hongos— en lugar de por semillas.

E. OBSERVACIONES

a) Es comestible (sobre todo los brotes tiernos crudos con limón y sal, como los de los espárragos), y riquísima en minerales.

b) Para los tratamientos de las afecciones aquí indicadas, puede también tomarse el jugo de la planta fresca (una cucharadita de las de postre, de jugo de tallos recién machacados, 3 ó 4 veces por día).

c) Debe usarse con moderación en afecciones de riñones y vejiga, respetando la dosis ya señalada para estos casos (caso contrario, por ser muy diurética, podría irritar demasiado los riñones).

d) Siendo una planta de efectos limpiadores muy notables del organismo, es recomendable consumirla por espacios de tiempo no muy prolongados (no más allá de uno o dos meses, si se la toma sin mezclar rebajada con otra), pudiendo en este caso ser alternada con otra planta para similar fin.

e) Algunos autores la mencionan como de interesantes posibilidades en el tratamiento del cáncer.

f) Existen otras especies de Colas de Caballo, todas ellas con similares propiedades.

CONSUELDA
(Symphytum officinalis)

A. SINONIMOS PARA BRASIL
Confrei, consuelda de los prados, espuela de caballero.

B. PROPIEDADES TERAPEUTICAS
Antianémica, tónica, mineralizante, cicatrizante, amarga, antirreumática, antiartrítica, depurativa, astringente, antiinflamatoria.

C. INDICACIONES
HOJAS Y RAICES

— Heridas, cortes, quemaduras, fracturas óseas.

Uso externo: a) hojas y raíces frescas, bien limpias y maceradas, aplícase tópicamente en forma de cataplasmas;

b) decocción fuerte, bajo la forma de compresas.

D. HABITAT/CULTIVO
Muy conocida desde la antigüedad, la consuelda, hoy se cultiva en casi todas las regiones del planeta.

De fácil cultivo, prefiere terrenos húmedos, márgenes de ríos y lagos, lugares frescos y bien asoleados; crece mejor en suelos sueltos con bastante materia orgánica.

Se reproduce por semillas o por brotes obtenidos a partir de la división de los rizomas (raíces).

E. OBSERVACIONES
Se debe evitar el uso interno de la consuelda porque puede producir efectos tóxicos para el hígado, principalmente si se usa por largo período.

CONTRA YERBA
(Dorstenia brasiliensis)

A. SINONIMOS
Caiapia, taropé, contra veneno, chupa chupa, tiú, cuenta de víbora.

B. PROPIEDADES TERAPEUTICAS
Tónica, febrífuga, estomacal, antidiarreica, diaforética, purgante, diurética, emenagoga, aromática, amarga, antiofídica.

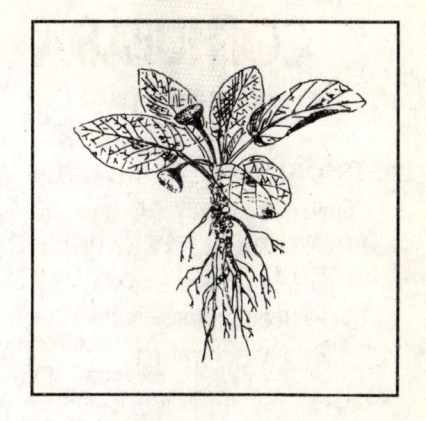

C. INDICACIONES
RAICES (RIZOMAS)

— Atonía del aparato digestivo, gastritis, diarreas y disenterías, afecciones del útero, dismenorreas, amenorreas, cistitis, dermatosis y afecciones febriles.

Uso INTERNO: En decocción, dosis normales.

— Picadura de víbora.

Uso: La raíz fresca machacada, aplicada en el lugar de la mordida y conjuntamente el té por cocimiento para uso interno, son considerados como antídoto para los diversos venenos de víboras.

D. HABITAT/CULTIVO
Planta nativa de América del Sur, crece entre las gramíneas y resiste a las quemas y sequías, gracias a su rizoma (tallo subterráneo).

Se reproduce por rizomas o semillas, exigiendo poco con relación al suelo.

E. OBSERVACIONES
a) La raíz de la contra yerba, asociada generalmente a la de taiuia, se utiliza empíricamente con el nombre de "pega-hueso" o "pega-pega", para acelerar el arreglo de fracturas óseas. En este caso se toma el té por decocción de estas raíces y/o se prepara una pasta de raíces machacadas, para uso externo.

b) El efecto de la planta fresca es superior al de la planta seca.

CHUFAS
(Cyperus ferax)

A. SINONIMOS
Yuyo de olor, vello de sapo.

B. PROPIEDADES TERAPEUTICAS
Antiespasmódica, estomacal.

C. INDICACIONES
PLANTA COMPLETA

— Afecciones gástricas, cólicos abdominales.

Uso interno: En decocción, dosis normales.

— Dolores y espasmos musculares.

Uso externo: En decocción, bajo la forma de baños que son a la vez refrescantes y relajantes.

D. HABITAT/CULTIVO
Crece en América del Sur, principalmente en cultivos con irrigación, márgenes de lagunas y canales, lugares pantanosos y pasturas.

Se reproduce por semillas y rizomas (tallos subterráneos), prefiriendo suelos húmedos, pantanosos o inundados.

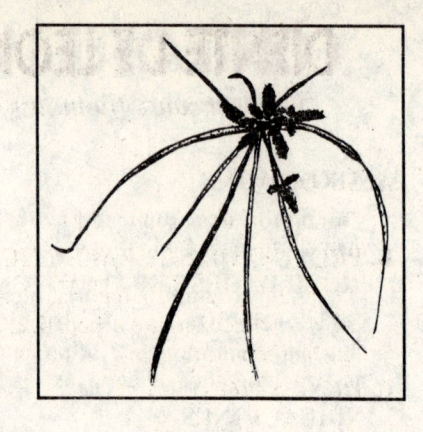

DIENTE DE LEON
(Taraxacum officinale)

A. SINONIMOS
Taraxacón, amargón.

B. PROPIEDADES TERAPEUTICAS
Depurativa, antiinflamatoria, alcalinizante, aperitiva, diurética, hepática, cologoga, antihemorroidal.

C. INDICACIONES
HOJAS Y RAICES

— Hemorroides, diabetes, afecciones hepáticas, biliares, renales y vesiculares, anemia.

Uso INTERNO: Bajo la forma de ensalada o en forma de jugo, dos o tres cucharadas de las de café por día, durante 4 semanas; o también té por decocción, dosis normales.

— Piorrea, caries, afecciones óseas.

Uso EXTERNO: Bajo la forma de jugo, mezclado con jugos de zanahoria y de hojas de nabo, como aperitivo, en dosis arriba descripta, pudiendo extenderse por un período superior a 4 semanas.

— Esputos hemópticos.

Uso INTERNO: En decocción, dosis normales.

D. HABITAT/CULTIVO
Planta originaria de Europa, principalmente de Portugal, hoy se distribuye por casi todo el planeta. Dotada de gran rusticidad y vitalidad, en algunas regiones es considerada como planta "invasora" de huertas y jardines. Aunque crezca en campos, valles húmedos y sombríos, se adapta bien a climas y suelos variados.

DULCAMARA
(Solanum aculeatissimum)

A. SINONIMOS
Revienta caballo, mata caballo, joa, dulce amargo, viña silvestre.

B. PROPIEDADES TERAPEUTICAS
Emoliente, resolutiva, diurética, antifebril, hepática.

C. INDICACIONES
FRUTOS

— Abscesos, forúnculos, inflamaciones localizadas, urticaria, manchas en la piel, cefalalgia, orquitis.

Uso externo: El fruto maduro, al natural o el fruto verde, asado, cortado al medio y aplicado localmente.

RAICES

— Afecciones de las vías urinarias (retención urinaria, oliguria, etc.), afecciones febriles, afecciones hepáticas.

Uso interno: En decocción, dosis normales.

D. HABITAT/CULTIVO
Planta de América Latina, crece con más frecuencia en pasturas, terrenos baldíos, bordes de caminos, terrenos fértiles y cultivados.

Se reproduce por semillas, con nítida preferencia por suelos arenosos.

E. OBSERVACIONES
Esta planta es tóxica para el ganado (hojas y frutos).

EUCALIPTO
(Eucalyptus globulus)

A. SINONIMOS

Arbol de la fiebre, ocalipto.

B. PROPIEDADES TERAPEUTICAS

Balsámica, expectorante, sudorífica, antiséptica, sedante, estomacal, antiasmática, antiálgica, antirreumática, cicatrizante, astringente, febrífuga, tónica.

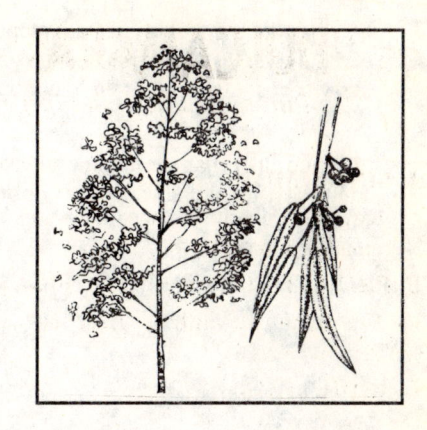

C. INDICACIONES

HOJAS

— Afecciones de las vías respiratorias (afecciones catarrales, bronquitis, gripes, tuberculosis, asma, tos convulsa, etc.), sinusitis, rinitis.

Uso INTERNO: En infusión, dosis normales.

Uso EXTERNO: Bajo la forma de inhalación del vapor del cocimiento de las hojas.

— Afecciones de vejiga (catarros, cistitis, etc.), nefritis, atonía gástrica, diarreas y disenterías, diabetes, afecciones febriles.

Uso INTERNO: En infusión, dosis normales.

— Ciática, reumatismo, gota, neuralgias.

Uso EXTERNO: a) en infusión, bajo la forma de compresas;

b) hojas secas machacadas, bajo la forma de cataplasmas.

— Heridas y úlceras.

Uso EXTERNO: En infusión, para lavar las partes afectadas, actuando como antiséptico y cicatrizante.

ACEITE ESENCIAL (de las hojas)

— Estados catarrales en general, gripes, toses, resfríos, ronquera.

Uso EXTERNO: Bajo la forma de inhalación, colocar algunas gotas en agua hirviendo e inhalar de 10 a 20 minutos.

— Reumatismo, contusiones, dolores neurálgicos.

Uso EXTERNO: Bajo la forma de fricciones y masajes.

D. HABITAT/CULTIVO

Originaria de Australia, todas las variedades (más de 600) son cultivadas en casi todo el mundo, en los más diversos suelos y condiciones climáticas, y en las altitudes y latitudes más opuestas.

Se reproduce por semillas, adaptándose a distintos tipos de suelos, de acuerdo a cada una de las especies; mientras algunas se desarrollan mejor en suelos arenosos y secos, otras prefieren lo contrario.

Aunque las hojas de las distintas variedades de eucalipto poseen propiedades idénticas, las del Eucaliptus Globulus son las más utilizadas para fines medicinales.

GIRASOL
(Helianthus annuus)

A. SINONIMOS
No se conocen.

B. PROPIEDADES TERAPEUTICAS
Cicatrizante, antifebril, tónica, cardíaca, estomacal, antineurálgica.

C. INDICACIONES
HOJAS

— Contusión, escoriación, úlceras, heridas.

Uso externo: Hojas frescas machacadas, bajo la forma de cataplasma.

— Hemoptisis, hematuria, resfríos, afecciones febriles, afecciones del estómago, cardialgia.

Uso interno: En infusión o decocción, dosis normales.

SEMILLAS

— Contusiones, escoriaciones, golpes, úlceras, heridas.

Uso externo: Semillas machacadas para aplicación tópica.

— Jaquecas, dolores de cabeza de origen nervioso, estados de excitación nerviosa, neuralgias.

Uso interno: En infusión o decocción de las semillas tostadas y molidas, dosis normales, tiene un efecto calmante, fortaleciendo los nervios.

— Debilidad orgánica general.

Uso interno: Semillas tostadas y molidas, en forma de harina, como parte de la dieta, son un excelente tónico principalmente para los niños.

D. HABITAT/CULTIVO
Planta originaria de las Américas, cultivada hace 3.000 años, actualmente está distribuida por todo el mundo; crece en climas tropicales, subtropicales y templados.

Se reproduce por semillas, desarrollándose mejor en suelos profundos, fértiles, bien drenados, con una acidez entre media y baja. Soporta bien las sequías y bajas temperaturas.

E. OBSERVACIONES
a) Sus semillas son altamente nutritivas.

b) Ver BROTES DE GIRASOL.

HELECHO

(Pteridium aquilinum)

A. SINONIMOS PARA BRASIL
Samambaia, samambaia de las rozas, negrillo.

B. PROPIEDADES TERAPEUTICAS
Antirreumática, emoliente, béquica, depurativa, diurética.

C. INDICACIONES

HOJAS

— Reumatismo, artritis, toses rebeldes.

Uso INTERNO: En infusión o decocción, dosis normales, actúa también como depurativo.

RIZOMAS

— Tos crónica (tuberculosis).

Uso INTERNO: En decocción, dosis normales.

D. HABITAT/CULTIVO

Crece en América del Sur, principalmente en tierras anteriormente desmatadas, tierras cansadas, suelos ácidos y poco fértiles, pasturas, suelos cultivados, bordes de caminos y terrenos baldíos.

Se reproduce por medio de esporas y rizomas (raíces escamosas), prefiriendo suelos ácidos, bien drenados, de profundidad y textura variables, lugares sombreados.

E. OBSERVACIONES

a) Planta tóxica para el ganado si éste la consume en forma natural y en dosis altas.

b) Sus brotes nuevos son comestibles después de picados y hervidos no menos de cinco veces, hasta que pierdan completamente su gusto amargo, el que representa sus principios tóxicos.

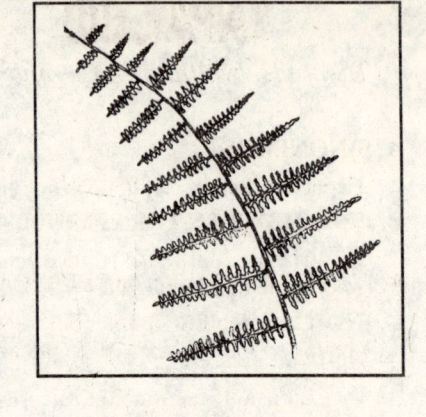

LAPACHO

(Tabebula avellanae - Tecoma ipe)

A. SINONIMOS

Lapacho rosado, lapacho rojo, lapacho morado, lapacho crespo, palo de arco, ipé-roxo.

B. PROPIEDADES TERAPEUTICAS

Diurética, desinfectante vías urinarias, depurativa, refrescante, astringente, antirreumática, tónica y reconstituyente, digestiva y tónica estomacal, antidiabética, contra las molestias de garganta, aperitiva, antianémica, anticolesteroleica, limpiadora de heridas, terapéutica en enfermedades de la piel y de la vagina.

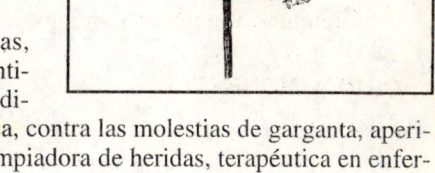

C. INDICACIONES

CORTEZAS

— Depurativo, retención de líquidos, trastornos de la vejiga y riñones, reumatismo y artrosis, refrescante, diarreas, inapetencia, digestión, estómago débil, úlceras gástricas, debilidad corporal y del sistema nervioso (tónico no excitante), diabetes, anemia, colesterol.

Uso interno: Por decocción, en dosis normales. Para aumentar el apetito: tomar 1/2 hora antes de las comidas.

— Molestias de la garganta (inflamaciones de la mucosa bucal, úlceras de la garganta, anginas y estomatitis, aftas).

Uso interno: Usar la decocción (más concentrada) en gargarismos tibios o a temperatura ambiente.

— Piel (sarpullidos, comezón, sarna, dermatosis, granos, heridas, ulceraciones, llagas, quemaduras), dolores e inflamaciones reumáticas y artríticas.

Uso externo: La decocción (más concentrada) en forma de compresas, lesiones, lavajes, fomentos, etc., y como agregado al agua por baños.

— Flujos blancos uterinos (leucorrea), catarros de la vejiga.

Uso externo: La decocción (más concentrada) en irrigaciones y lavajes, a temperatura ambiente. También puede tomarse la preparación común para uso interno, como complemento.

D. HABITAT/CULTIVO

Este árbol se da en estado silvestre en las zonas del litoral de Argentina, Uruguay, Paraguay y Brasil.

Suele cultivárselo (a partir de semillas) por la belleza ornamental de sus flores (las hay blancas, violetas o amarillas, según las distintas especies), y por el uso comercial de su madera en carpintería, ebanistería y construcciones navales.

E. OBSERVACIONES

a) Existen otras especies similares de lapachos, que en general presentan las mismas propiedades, aunque posiblemente algo más atenuadas.

b) De acuerdo a textos de algunos autores, esta planta podría resultar interesante para tener en cuenta en la terapéutica contra el cáncer.

LLANTEN

(Plantago major)

A. SINONIMOS PARA BRASIL Y PARAGUAY

Tanchagen, tranchagen, llantén velludo, Caá-Yuqui.

B. PROPIEDADES TERAPEUTICAS

Tónica, depurativa, antifebril, astringente, antihemorroidal, purgante, descongestionante, emoliente, expectorante, cicatrizante.

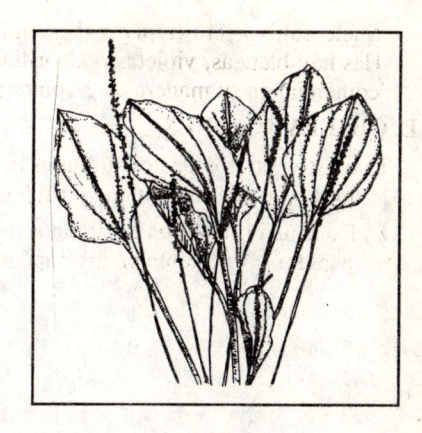

C. INDICACIONES

HOJAS Y RAICES

— Afecciones de las vías respiratorias (tos, catarros, bronquitis, etc.), fiebre intermitente, diarreas, hemorragias.

Uso INTERNO: En decocción o infusión, 30 grs. por litro de agua, 3 ó 4 tazas por día.

— Dermatosis en general, reumatismos, gota, enfermedades crónicas, intoxicaciones crónicas, endógenas y exógenas.

Uso INTERNO: En decocción, tiene un buen efecto depurativo. Dosis igual a la arriba indicada.

— Amigdalitis, estomatitis, parotiditis, gingivitis, faringitis.

Uso EXTERNO: En decocción, 60 grs. por litro de agua, bajo la forma de gárgaras o buches. Las gárgaras constantes hacen retroceder totalmente la inflamación de las amígdalas.

HOJAS

— Ulceras, heridas.

Uso EXTERNO: Hojas frescas machacadas, bajo la forma de emplastos, para favorecer la cicatrización.

D. HABITAT/CULTIVO

Nativo de Europa, actualmente se encuentra en Asia, Africa y América. Crece principalmente en jardines, entre gramíneas, pomares, bordes de caminos y al pie de los muros. No obstante se desarrolla más intensamente en lugares abiertos, como suelos cultivados y pasturas.

Se reproduce por semillas, prefiriendo suelos húmedos, fértiles y clima templado.

E. OBSERVACIONES

Sus hojas nuevas son comestibles como hortaliza.

MALVA
(Malva sylvestris - Malva rotundifolia)

A. SINONIMOS
Malva grande, malva silvestre, malva verde, malva de las boticas, malva de Castilla, malva blanca.

B. PROPIEDADES TERAPEUTICAS
Expectorante, béquica (contra la tos), laxante, antiinflamatoria, antihemorroidal, emoliente, adelgazante, digestiva.

C. INDICACIONES
HOJAS, TALLOS, FLORES

— Afecciones bronquiales (tos, catarros bronquiales, etc., exceptuando resfríos y asma), indigestiones, estreñimiento, inflamaciones de los intestinos (incluyendo hemorroides y divertículos), ováricas, de la vejiga y riñones, obesidad.

Uso interno: Por infusión en dosis normales. Para estreñimiento, tomar durante un mínimo de 10 a 15 días si se sufre de atonía intestinal crónica. Para obesidad, tratamiento de un mínimo de 30 a 40 días. Para problemas bronquiales y tos, tomar caliente y con miel.

— Boca, encías, garganta, oídos (inflamaciones).

Uso interno: Por decocción (10 minutos) de malva, algo más cargada de lo habitual. Dejar reposar unos instantes y luego emplearla como colutorio (buches) o en gárgaras (tibias y calientes) varias veces al día. Para las molestias de oído, hacer también vaporizaciones locales (no demasiado calientes), varias veces al día.

— Abscesos, forúnculos, orzuelos, supuraciones del pecho, eczemas, gota, artritis, reuma, dolor de muelas.

Uso externo: Extender sobre un pedazo de paño o de tela de lana (doblada luego por la mitad) algunas hojas (e incluso raíces) de malva, calentadas en un recipiente y luego machacadas un poco para poder extraer mejor su jugo; aplicar el paño doblado (caliente), y renovar esta cataplasma cada vez que se enfríe, todas las veces que se pueda en el día. Para la gota, artritis y reuma, también puede tomarse internamente la infusión.

— Fiebres, diarreas (con o sin sangre).

Uso externo: Hacer enemas con la decocción cargada, a temperatura normal o ligeramente fría, para bajar el calor interno.

— Próstata, dolores de vejiga, hemorroides, estreñimiento.

Uso externo: Hacer baños de asiento con la decocción cargada, a temperatura natural, 1 ó 2 veces por día. También puede tomarse la infusión.

D. HABITAT/CULTIVO

Hierba originaria de Europa, aclimatada en nuestro país. Es común en campos no cultivados, terrenos baldíos y a la orilla de los caminos.

Normalmente se la encuentra en estado silvestre, pero puede cultivársela por semilla. Florece desde el final de la primavera hasta el principio del verano. Para uso medicinal, las hojas se recogen durante los meses de verano, y las flores antes que éstas completen su ciclo de floración.

C. OBSERVACIONES

La planta es alimenticia, dándosele todo tipo de usos como verdura hervida (pucheros, tortillas, rellenos, etc.).

Existen otras especies de malva, además de una planta afín llamada Malvavisco (Altaea officinalis), todas ellas de similares usos.

MANZANILLA
(Matricaria chamomilla)

A. SINONIMOS PARA BRASIL
Camomila, matricaria, chamomila, camomila de Alemania.

B. PROPIEDADES TERAPEUTICAS
Eupéptica, estomacal, antiespasmódica, tónica, aperitiva, sudorífica, emoliente, calmante.

C. INDICACIONES
FLORES

— Dispepsias, afecciones gástricas, cólicos abdominales acompañados de gases, inapetencia, insomnio, afecciones nerviosas.

Uso INTERNO: En infusión, dosis normales.

— Afecciones de la piel en general (heridas, úlceras, etc.), inflamaciones oculares, cólicos abdominales acompañados de gases, hemorroides.

Uso EXTERNO: En infusión, en forma de compresas o de baños de asiento para hemorroides.

— Estomatitis, gingivitis, aftas.

Uso EXTERNO: Té por infusión en forma de buches.

D. HABITAT/CULTIVO
Originaria de Europa es bastante común en América del Sur, donde se aclimató. En algunos regiones, crece al borde de caminos, en campos desiertos y zonas agrícolas.

Se reproduce por semillas, y se desarrolla mejor en clima templado, el calor intenso inhibe su crecimiento, por ese motivo, se planta al comienzo de la primavera o del otoño. Es muy sensible a la sequía. Prefiere suelos ricos en materia orgánica, fértiles, frescos, bien drenados, blandos y con buena exposición solar.

E. OBSERVACIONES
La carqueja es una planta muy buena compañera de la manzanilla, porque la estimula y la protege.

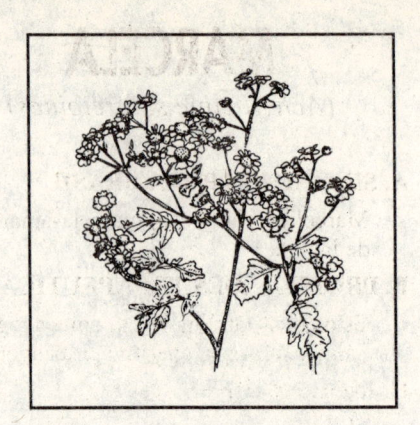

MARCELA
(Achyrocline satureioides)

A. SINONIMOS PARA BRASIL
Marcelita, yatey-caá, marcela-amarilla, té de laguna.

B. PROPIEDADES TERAPEUTICAS
Estomacal, antidiarreica, emenagoga, antiálgica, amarga, aperitiva, astringente.

C. INDICACIONES
FLORES

— Disfunciones gástricas y digestivas, inapetencia, diarreas y disenterías, trastornos menstruales, dolores de cabeza.

Uso interno: En infusión o decocción, dosis normales, siendo tónico de las funciones digestivas.

D. HABITAT/CULTIVO
Crece en América del Sur; muy común en pasturas nativas, bordes de caminos y terrenos baldíos.

Se reproduce por semillas; es una planta muy resistente por lo que exige poco en cuanto a suelos y agua.

E. OBSERVACIONES
Las flores secas son muy utilizadas como relleno de almohadas, pues favorecen el sueño.

MENTA
(Mentha pulegium)

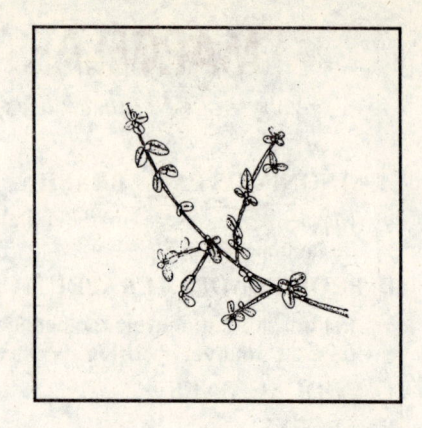

A. SINONIMOS PARA BRASIL
Poejo real, poejo de las huertas.

B. PROPIEDADES TERAPEUTICAS
Tónica, estomacal, eupéptica, carminativa, balsámica, béquica, expectorante, diaforética, emenagoga.

C. INDICACIONES
PLANTA COMPLETA

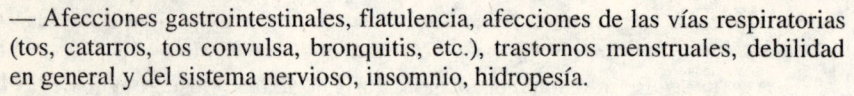

— Afecciones gastrointestinales, flatulencia, afecciones de las vías respiratorias (tos, catarros, tos convulsa, bronquitis, etc.), trastornos menstruales, debilidad en general y del sistema nervioso, insomnio, hidropesía.

Uso interno: Decocción, dosis normales, en caso de disturbios digestivos, se recomienda ingerir el té media hora antes de las comidas.

D. HABITAT/CULTIVO
Originaria de Europa, se ha aclimatado bien en algunos países de América del Sur. Se planta y cultiva, o nace espontáneamente en regiones de clima muy húmedo.

La mejor forma de reproducción es por medio de gajos de la planta madre, plantados preferentemente en otoño o primavera, en suelo bien abonado (abono orgánico), profundo y húmedo, diseminándose con mucha facilidad.

MIL HOMBRES
(Aristolochia cymbifera)

A. SINONIMOS PARA BRASIL
Jarriña, patito, buche de pavo, tetera de judío.

B. PROPIEDADES TERAPEUTICAS
Amarga, tónica, estomacal, antiséptica, sudorífica, diurética, antifebril, aperitiva, antiofídica, emenagoga.

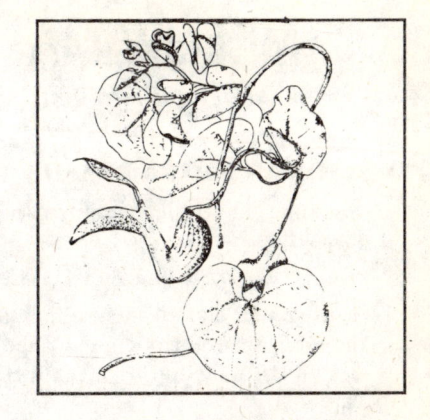

C. INDICACIONES
RAICES

— Afecciones gástricas (gastralgia, indigestión, inapetencia, etc.), dispepsias, estreñimiento crónico, anemia, fiebres intermitentes, amenorrea.

Uso interno: En decocción, 10 a 15 grs. por litro de agua, 2 a 4 tazas por día, obteniendo excelentes resultados en las dispepsias en general.

— Convulsiones, epilepsia.

Uso interno: En decocción, la misma dosis arriba indicada.

— Ulceras, sarna, micosis, orquitis.

Uso externo: En decocción 50 grs. por litro de agua, bajo la forma de baños parciales y baños de asiento.

RAICES Y TALLOS

— Picaduras de víboras.

Uso interno: En decocción, 10 a 15 grs. por litro de agua, 3 tazas al día. Este té es considerado como antídoto para los diversos venenos de víboras.

D. HABITAT/CULTIVO
Planta nativa de América del Sur.

Se reproduce por semillas.

E. OBSERVACIONES
Cuando para su uso interno se emplean dosis mayores a las recomendadas, se pueden producir náuseas, abatimientos y trastornos de conciencia.

MILENRAMA
(Achilea millefolium)

A. SINONIMOS PARA BRASIL
Mil hojas, hierba del carpintero, hierba de los carreteros.

B. PROPIEDADES TERAPEUTICAS
Astringente, cicatrizante, tónica, estomacal, hepática, eupéptica, emenagoga, antihemorroidal, diurética, expectorante, carminativa.

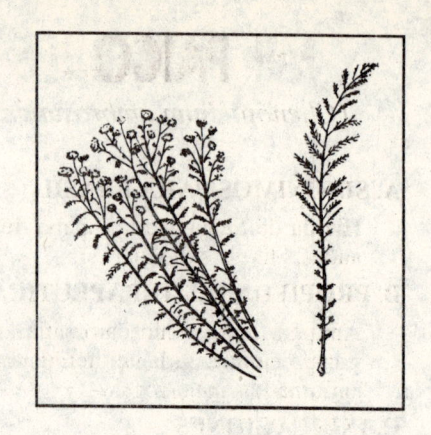

C. INDICACIONES
FLORES

— Gases del estómago e intestino, dispepsias, hemorroides, catarros intestinales, debilidad del estómago, afecciones hepáticas, hemorragias en general, afecciones urinarias, afecciones pulmonares catarrales.

Uso interno: En infusión o decocción, dosis normales.

HOJAS Y FLORES

— Afecciones de la piel en general (abscesos, heridas, eczemas, etc.), contusiones, quemaduras.

Uso externo: a) En infusión o decocción, bajo la forma de baños o compresas;

b) hojas frescas, bajo la forma de cataplasmas;

c) hojas secas, reducidas a polvo, aplicadas localmente sobre las heridas crónicas.

D. HABITAT/CULTIVO
Originaria de Europa, aclimatada en América del Sur, crece al borde de caminos y también se cultiva en huertas y jardines.

Es una planta de clima subtropical.

Se reproduce por semillas o rizomas, se adapta bien a cualquier tipo de suelo, que debe ser bien drenado, pues no le agrada la humedad. Aprecia el calor y resiste bien la sequía. Aunque puede ser plantada en cualquier época del año, es mejor hacerlo en primavera u otoño.

E. OBSERVACIONES
Es una buena planta compañera en huertas y jardines, fortaleciendo las plantas vecinas.

PAICO
(Chenopodium ambrosioides)

A. SINONIMOS PARA BRASIL

Hierba de Santa María, hierba de los jesuítas, hierba hedionda.

B. PROPIEDADES TERAPEUTICAS

Antiparasitaria, tónica, aromática, emenagoga, béquica, sedante, antihemorroidal, carminativa, sudorífica.

C. INDICACIONES

HOJAS, FLORES Y SEMILLAS

— Parasitosis.

Uso interno: Infusión: 10 grs. por litro de agua, tomar una cucharada sopera cada hora, durante 1 a 3 días. Después de beber la infusión ingerir 2 o más cucharadas de postre, de aceite de ricino.

Observacion: La dosis máxima diaria no debe superar las tres tazas de té.

— Afecciones de las vías respiratorias, dispepsias, afecciones nerviosas, insomnio, espasmos musculares, palpitaciones, afecciones circulatorias.

Uso interno: En infusión, 10 grs. por litro de agua, una taza tres veces por día.

HOJAS Y FLORES

— Golpes, machucaduras, contusiones, hematomas.

Uso externo: a) jugo de hojas y flores frescas, bajo la forma de compresas, actuando como excelente bálsamo;
b) hojas y flores frescas machacadas, bajo la forma de cataplasmas.

D. HABITAT/CULTIVO

Nativa de México, crece en América del Sur, en cultivos, terrenos baldíos, huertas y jardines.

Se reproduce por semillas.

E. OBSERVACIONES

a) Para uso interno debe utilizarse con cuidado, pues en dosis excesivas es muy tóxico.
b) Con la decocción de toda la planta, se produce un insecticida natural, que se utiliza en forma de pulverizado.

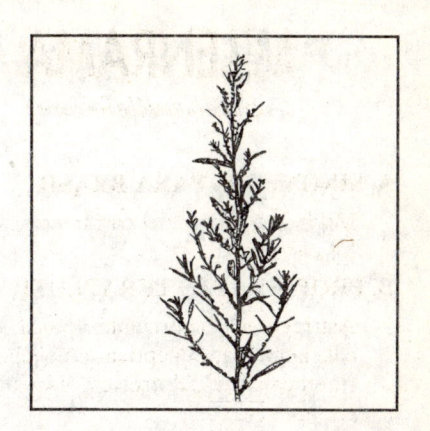

PAREIRA BRABA
(Cissampelos glaberrima)

A. SINONIMOS PARA BRASIL
Abutua, pareira silvestre, oreja de onza, caá-pebá.

B. PROPIEDADES TERAPEUTICAS
Tónica, antifebril, sudorífica, estomacal, antiasmática, diurética, antilítica, colagoga, eupéptica, emenagoga.

C. INDICACIONES
RAICES

— Afecciones de las vías urinarias (cálculos renales, etc.), trastornos menstruales, dispepsias, afecciones hepáticas y biliares, hidropesía, afecciones febriles, reumatismo, asma.

Uso INTERNO: Té por infusión o decocción, dosis normal.

D. HABITAT/CULTIVO
Nativa de América del Sur, crece en suelos arenosos, al borde de las cercas, pasturas, cultivos perennes, plantaciones frutales y terrenos baldíos.

Reproducción por semillas y rizomas profundos.

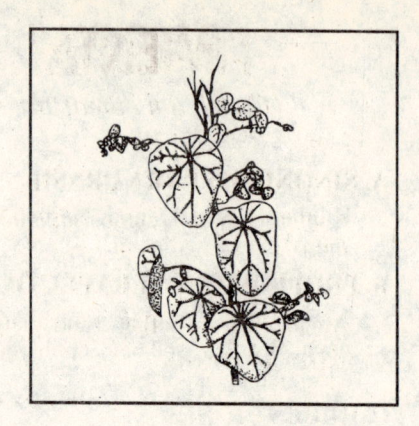

PIMIENTA
(Capsicum cumarim)

A. SINONIMOS PARA BRASIL

Cumbari, cumari, cumbarin, pimienta-cumari.

B. PROPIEDADES TERAPEUTICAS

Antiséptica, antiinflamatoria, astringente.

C. INDICACIONES

HOJAS Y FRUTOS

— Amigdalitis, aftas, gingivitis, estomatitis, faringitis.

Uso externo: En decocción, hojas y algunos frutos, bajo la forma de gárgara y buches.

— Hemorroides.

Uso externo: En decocción de las hojas y algunos frutos, bajo la forma de baños de asiento.

D. HABITAT/CULTIVO

Esta planta crece espontáneamente en algunos países de América del Sur; es también cultivada con fines medicinales y culinarios.

Se reproduce por semillas, prefiriendo los suelos fértiles, frescos y con mucha materia orgánica.

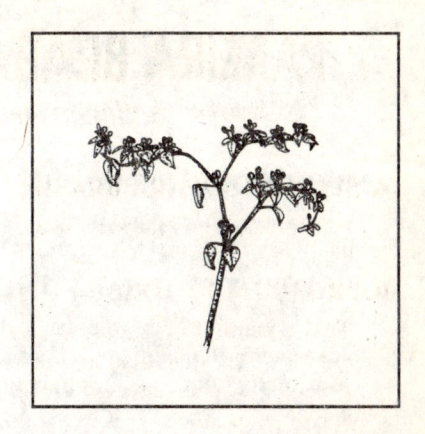

ROMERO

(Rosmarinus officinalis)

A. SINONIMOS PARA BRASIL

Alecrín, alecrín rosmarino, alecrín de jardín.

B. PROPIEDADES TERAPEUTICAS

Tónica, eupéptica, antiséptica, sudorífica, cicatrizante, balsámica, antirreumática, calmante, estomacal, antidiabética, cardiotónica.

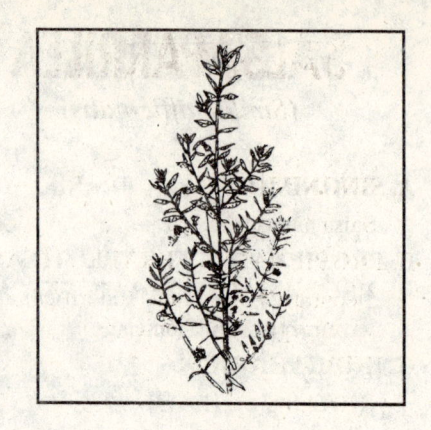

C. INDICACIONES

HOJAS

— Debilidad cardíaca y estomacal, afecciones hepáticas, intestinales y renales, afecciones en las vías respiratorias (tos, bronquitis, asma, tos convulsa, etc.), dismenorrea, diabetes.

Uso INTERNO: En infusión o decocción, dosis normal.

— Reumatismo, heridas, úlcera.

Uso EXTERNO: El té por decocción, aplícase en forma de baños en cuerpo entero o local.

— Heridas y úlceras.

Uso EXTERNO: Hojas secas reducidas a polvo, aplícase en las heridas para activar su cicatrización.

D. HABITAT/CULTIVO

Planta originaria de Europa, hoy aclimatada en América del Sur, crece en huertas y jardines.

Se reproduce por semillas, gajos, estacas de la planta madre. La reproducción por semillas es la más demorada. Las otras deben hacerse antes o después de la floración más intensa. Prefiere clima templado o caluroso, requiere mucha luz (exposición al sol). Es sensible a los vientos y a las bajas temperaturas. Sus cualidades aromáticas mejoran cuando el suelo es seco, pobre en nutrimentos, flojo y bien drenado.

SALSAPARRILLA
(Smilax officinalis)

A. SINONIMOS
Salsa americana, zarza.

B. PROPIEDADES TERAPEUTICAS
Depurativa, diurética, sudorífica, aperitiva, eupéptica, miotónica.

C. INDICACIONES
RAICES

— Afecciones de la piel en general (eczemas, urticarias, heridas, úlceras, manchas, etc.), afecciones de las vías urinarias (disuria, cálculos renales y vesiculares, oliguria, anuria, etc.), reumatismo, gota, enfermedades venéreas.

USO INTERNO: En decocción, dosis normales, es considerado un excelente depurativo de la sangre, diurético y sudorífico.

— Inapetencia, disturbios digestivos, hipotonía, hipotrofia muscular.

USO INTERNO: En decocción, para aumentar la fuerza y el volumen muscular, se debe tomar el té en pequeñas dosis (mitad de la normal).

OBSERVACION: La salsaparrilla, si se ingiere en exceso, además de no producir efectos benéficos, provoca náuseas, vómitos, salivación y disminución pronunciada del pulso.

D. HABITAT/CULTIVO
Existen diferentes especies de salsaparrilla que crece principalmente en la zona ecuatorial de las Américas, sobre todo en México, Brasil y Perú.

Se reproduce por semillas, gajos, brotes y enterrando una rama sin cortar, de la planta madre, preferentemente al comienzo del período de las lluvias. Precisa de tutores para desarrollarse en general, prospera únicamente en clima ecuatorial o tropical. Algunas especies crecen mejor en terrenos inundados, bosques, bajo las copas de los árboles. Otras, prosperan en terrenos cerrados por la vegetación y otras prefieren las márgenes de los ríos y riachos, pero deben estar protegidas del sol directo, por la sombra de los árboles. El suelo debe ser suelto, blando y fértil, con bastante materia orgánica.

E. OBSERVACIONES
Todas las distintas especies de salsaparrilla poseen básicamente las mismas propiedades terapéuticas.

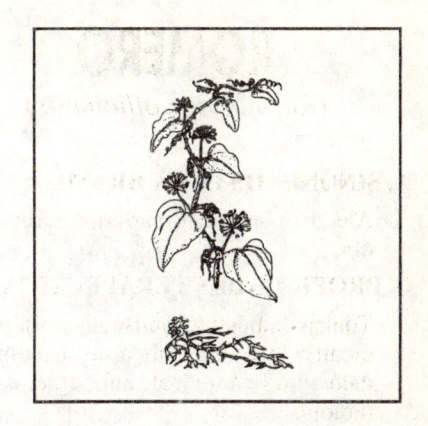

SAUCE
(Salix alba)

A. SINONIMOS
Sauce blanco, sauce criollo.

B. PROPIEDADES TERAPEUTICAS
Digestiva, antiespasmódica, analgésica (dolores articulares y de cabeza), antirreumática, sedativa, febrífuga y sudorífica, tónica general y cardíaca, limpiadora de heridas, granos y flujos blancos (leucorrea).

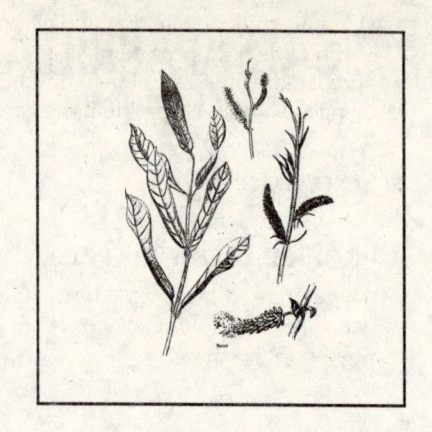

C. INDICACIONES
HOJAS Y RAMAS

— Tónico físico y digestivo, dolores abdominales, de cabeza (cefaleas, jaquecas, etc.) y reumáticas, fiebres benignas, nerviosismo, insomnio, tonificante del corazón.

Uso INTERNO: Por infusión (las hojas) o por decocción (la corteza de las ramas), en dosis normales. Para las fiebres y como sudorífico: tomar bien caliente con miel, la última ingesta hacerla antes de acostarse.

RAMAS Y CORTEZAS

— Heridas y granos.

Uso EXTERNO: Por decocción durante una hora, de 50 grs. de sauce en un litro de agua; cuando se entibie el líquido, filtrarlo y usarlo en lavajes y compresas.

— Flujos blancos vaginales.

Uso EXTERNO: Por decocción durante 2 minutos, de 60 grs. de sauce en un litro de agua. Dejar reposar, filtrar y usarlo en irrigaciones y lavajes a temperatura ambiente.

D. HABITAT/CULTIVO
Es un árbol originario de Europa Central y Meridional, Africa y América Septentrional; crece en las regiones más húmedas, a orilla de los ríos.

Es planta de climas benignos, que se propaga por semillas; requiere lugares húmedos.

E. OBSERVACIONES
Existen otras especies de sauces (sauce amarillo, sauce negro, sauce llorón, sauce colorado, etc.) que presentan las mismas propiedades ya mencionadas en general, no descontándose que algunos de ellos posean otras cualidades específicas.

Con un componente extraído de la planta, el ácido acetilsalicílico, se elaboraban originalmente las primeras aspirinas (actualmente se las ha reemplazado por un preparado sintético, el cual dificulta la absorción de vitaminas por el organismo y puede ocasionar problemas gástricos).

SELVA MEONA
(Amaranthus spinosus)

A. SINONIMOS PARA BRASIL
Caruru de espino.

B. PROPIEDADES TERAPEUTICAS
Diurética, béquica, laxante.

C. INDICACIONES
HOJAS

— Afecciones de las vías urinarias (retención de orina, cistitis, etc.), hidropesía, estreñimiento crónico.

Uso interno: En infusión, dosis normales.

FLORES

— Toses rebeldes.

Uso interno: Infusión, dosis normales.

D. HABITAT/CULTIVO

Planta nativa de América tropical, hoy cosmopolita, distribuida en 44 países. Crece principalmente en pasturas, jardines, próximo a establos, cultivos perennes y anuales, terrenos baldíos.

Se reproduce por semillas; es una planta rústica, con una gran capacidad reproductiva y preferencia nítida por suelos ricos en materia orgánica.

E. OBSERVACIONES

a) Sus hojas rehogadas son comestibles, no obstante no deben ser consumidas continuamente.

b) Modo de preparación: ver ESPINACA.

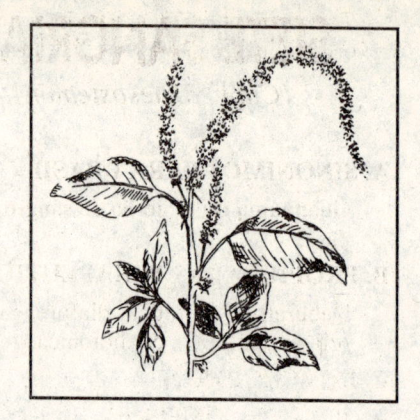

SIETE SANGRIAS

(Cuphea mesostemon)

A. SINONIMOS PARA BRASIL

Guanxuma roja, hierba de sangre, sanguinaria.

B. PROPIEDADES TERAPEUTICAS

Depurativa, diurética, diaforética, antifebril, antisifilítica, cardiotónica.

C. INDICACIONES

PLANTA COMPLETA

— Afecciones de la piel en general (eczemas, heridas, úlceras, forúnculos, etc.), reumatismos, afecciones febriles, fiebre intermitente, enfermedades venéreas.

Uso interno: En decocción, dosis normales, considerada una buena planta depurativa de la sangre; limpia, además, el estómago, los intestinos y los riñones.

— Arteriosclerosis, hipertensión arterial, palpitaciones, aumento del colesterol en la sangre.

Uso interno: En decocción, dosis normales, alivia y tonifica el corazón, combate el colesterol y normaliza la presión.

D. HABITAT/CULTIVO

Crece en América del Sur, principalmente entre gramíneas, pasturas, jardines, huertas, orillas de cursos de agua, campiña, quintas, chacras, terrenos baldíos y campos.

Se reproduce por semillas, creciendo mejor en suelos arenosos y húmedos.

E. OBSERVACIONES

a) Esta planta tiene la reputación de ser siete veces mejor que una sangría, de ahí el origen de su nombre.

b) Las distintas variedades que existen poseen propiedades terapéuticas idénticas.

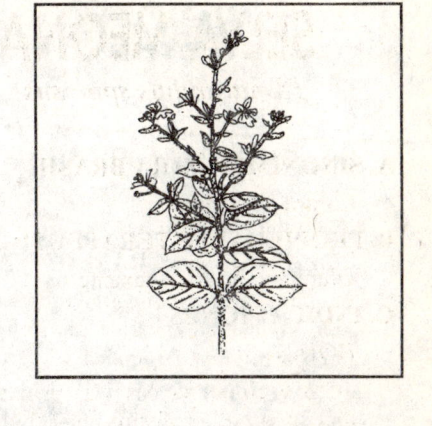

SUICO
(Tagetes minuta)

A. SINONIMOS PARA BRASIL
Estruendo, cola de cohete, alfiler de mata, chinchilla, suiquillo.

B. PROPIEDADES TERAPEUTICAS
Antiparasitaria, emenagoga, aperitiva, laxante, sudorífica, béquica, antirreumática, antiespasmódica, eupéptica.

C. INDICACIONES
HOJAS

— Parasitosis, trastornos menstruales, reumatismo articular, cólicos intestinales, dispepsias, inapetencia, gripes, resfríos, bronquitis, toses.

Uso INTERNO: En infusión o decocción, dosis normales.

D. HABITAT/CULTIVO
Originario de América del Sur, se desarrolla principalmente en áreas de cultivos perennes y anuales, bordes de caminos, terrenos baldíos, próximos a lugares habitados, áreas desmatadas y limpias.

Se reproduce únicamente por semillas. Es una planta rústica que no tiene mayores exigencias en cuanto a suelos y agua.

E. OBSERVACIONES
Es un buen compañero en huertas, pues sus raíces segregan una sustancia que destruye los nematoides del suelo, protegiendo así las plantas de su alrededor.

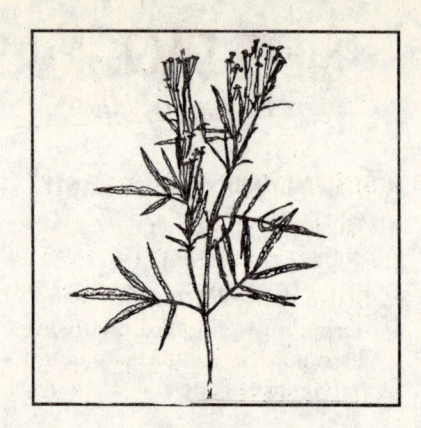

TILO
(Tilia platyphillos)

A. SINONIMOS
Tilo de Castilla.

B. PROPIEDADES MEDICINALES
Sedante, antiespasmódica, antineurálgica, tónica, hipotensora, digestiva, estomacal, sudorífica, diurética, antidiarreica, antiflatulenta, expectorante, tónica facial y capilar, dentífrica.

C. INDICACIONES
FLORES

(Incluyendo la "hojita" pequeña que se presenta al costado del fino tallo de la flor; ésta es una prolongación floral a la cual se la llama "bráctea").

— Nerviosismo, ansiedad, insomnio, palpitaciones por disgustos o sustos, agotamiento nervioso, resfríos, fiebres (incluyendo sarampión, escarlatina, etc.), gripes, tos, ronqueras, mucosidades de los bronquios y pulmones, dolores de cabeza, estomacales y menstruales, digestiones lentas y pesadas, presión alta.

Uso INTERNO: Por infusión, en dosis normales (para usos como sudorífico y expectorante, tomar caliente y con miel; la última ingesta hacerla al acostarse).

— Sedante, febrífugo, bronquial.

Uso EXTERNO: Preparar una decocción (concentrada) y agregarla al agua de baño (tibio o caliente, y que no deberá durar mas de 15 ó 20 minutos, antes de acostarse). El mismo cocimiento puede usarse en forma de fomentos.

— Cansancio.

Uso EXTERNO: Hacer decocción durante 30 minutos, de 30 grs. de tilo en 5 litros de agua. Dejar luego reposar y filtrar con un paño cuando el líquido ya esté frío, apretando bien las flores para extraerles todo el líquido posible; agregar luego este preparado al agua del baño. Tomar los baños de la misma forma que la indicada en la preparación anterior (no muy calientes).

— Reconstituyente capilar, tónico facial antiarrugas y pecas.

Uso EXTERNO: Por infusión (algo más cargada) para uso en compresas, lociones y lavados de cabeza.

FLORES, HOJAS Y RAMAS

— Gases, diarreas, inflamaciones, calambres de estómago.

Uso interno: Quemar ramas de tilo hasta reducirlas a carbón. Tomar 2 grs. por vez, 2 veces por día.

— Diurético.

Uso interno: Hacer una decocción a fuego lento, durante algunas horas (siempre agregando agua) de 50 grs. de ramas (nuevas) de tilo cortadas en pedazos pequeños. Dejar reposar y filtrar. Beber 2 tazas por día.

— Dentífrico (para limpieza de dientes y mal aliento bucal).

Uso interno: Usar el carbón de tilo para limpiar los dientes, frotando la dentadura; mejor si se lo mezcla con carbón de la planta conocida como salvia, en partes iguales.

D. HABITAT/CULTIVO

Originario del sudeste de Europa y oeste de Asia, aclimatado en nuestras regiones.

Se reproducen a través de brotes y necesitan suelos húmedos y arcillosos. Tardan un cierto tiempo en llegar a dar flores, lo cual ocurre en el mes de noviembre.

Algunas especies llegan a vivir más de 1200 años.

E. OBSERVACIONES

a) Deben ser de color más o menos amarillento las flores a emplear; si tienen color rosado, son ya viejas resultando no recomendable su uso.

b) Los enfermos cardíacos deberán abstenerse de su uso frecuente.

c) El tilo brinda la posibilidad de sus hojas como alimenticias, ya sea crudas en ensaladas o cocidas en pucheros, tortillas, rellenos, buñuelos, etc.; reduciendo estas hojas ya secas a harina y mezclando esta harina con harina de cebada, se obtiene una harina verde que resulta un buen elemento nitrogenado recomendable tanto para aquellos que llevan una dieta excesivamente basada en carnes (para compensar tanto sus deficiencias como sus efectos), como para aquellos a quienes les cueste pasar paulatinamente de una alimentación muy carnívora a una exclusivamente vegetariana (por la abstinencia), durante los primeros 6 a 12 meses. La savia de esta planta también es nutritiva, además de medicinal (usar con moderación).

d) Los frutos secos, tostados, son un sustituto del café, sin las contraindicaciones que este último posee.

e) Existen muchísimas especies de tilo, la mayoría de ellas de similares propiedades.

VERDOLAGA
(Portulaca oleracea)

A. SINONIMOS PARA BRASIL
Beldroega, ensalada de negro, portulaca, porcelana.

B. PROPIEDADES TERAPEUTICAS
Depurativa, diurética, laxante, antiparasitaria, antiescorbútica, vulneraria, tónica, galactagoga.

C. INDICACIONES

PLANTA COMPLETA

— Afecciones del hígado, riñón y vejiga, cálculos biliares, escorbuto.

Uso INTERNO: En decocción, 50 a 100 grs. por litro de agua, 4 a 5 tazas por día; es diurética y aumenta la secreción de la leche materna.

HOJAS Y TALLOS

— Acidez, erisipela, inflamaciones en los ojos, afecciones de las vías urinarias.

Uso INTERNO: Jugo fresco, una cuchara sopera cada hora, disminuyendo la frecuencia a las primeras señales de mejoría.

— Quemaduras, úlceras, heridas.

Uso EXTERNO: Hojas y tallos machacados, para aplicación tópica, bajo la forma de emplastos, alivian los dolores de quemaduras y aceleran la cicatrización de heridas.

HOJAS

— Neuralgias.

Uso EXTERNO: En decocción, 50 a 100 grs. por litro de agua, bajo la forma de compresas.

SEMILLAS

— Trastornos menstruales, afecciones de las vías urinarias, parasitosis.

Uso INTERNO: Debe tomarse por la mañana, antes del desayuno, bajo la forma de té por decocción, 50 a 100 grs. por litro de agua, pudiendo también ser comidas, constituyendo poderoso antiparasitario y excelente emenagogo.

D. HABITAT/CULTIVO
Originaria de Europa, crece espontáneamente en América del Sur, en jardines y huertas.

Se reproduce por semillas, gajos o división de raíces. Planta rústica que crece en diversos tipos de suelo, preferentemente en los húmedos, fértiles y semisombreados. Por su extrema resistencia es capaz de sobrevivir aún en sequías prolongadas y en los más bruscos cambios ambientales.

La cosecha se realiza antes que florezca.

E. OBSERVACIONES

a) Planta comestible, pudiendo ser consumidos tallos y hojas, exceptuándose las raíces que son amargas y duras. No se deben ingerir hojas marchitas, y sí las tiernas y verdes (crudas o rehogadas).

b) Sus hojas son musilaginosas.

YERBA CARNICERA
(Erigeron bonariensis)

A. SINONIMOS PARA BRASIL
Margaridita del campo, cola de raposa, cola de cohete.

B. PROPIEDADES TERAPEUTICAS
Antihemorroidal, diurética, antiparasitaria, cicatrizante, antidiarreica.

C. INDICACIONES
PLANTA COMPLETA

— Hemorroides, afecciones urinarias (oliguria, anuria), diarreas, parasitosis.

Uso INTERNO: En infusión o decocción, dosis normales.

— Heridas, úlceras.

Uso EXTERNO: Planta seca y triturada, en polvo, para aplicación tópica.

D. HABITAT/CULTIVO
Crece en toda la América tropical, principalmente en campos, cultivos perennes, pasturas, terrenos baldíos, borde de caminos, áreas abandonadas, con mucha más frecuencia durante el verano.

Se reproduce por semillas de fácil diseminación. Es una planta resistente y sin muchas exigencias para su cultivo.

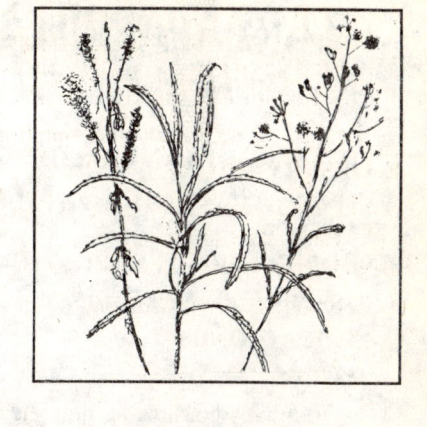

ZARZAPARRILLA
(Smilax japecanga)

A. SINONIMOS PARA BRASIL

Japecanga, raíz de la china, verdenazo, sachamora.

B. PROPIEDADES TERAPEUTICAS

Depurativa, diurética, antifebril.

C. INDICACIONES

RAICES

— Reumatismo, artritis, gota, ácido úrico, dermatosis en general, afecciones febriles.

Uso INTERNO: En decocción, dosis normales, actúa como excelente depurativo.

— Afecciones de las vías urinarias.

Uso INTERNO: En decocción, dosis normales, actúa como eficiente diurético.

D. HABITAT/CULTIVO

Planta de América Latina, crece principalmente en las proximidades de los cursos de agua y en terrenos húmedos.

Se reproduce por semillas y rizomas (tallos subterráneos), prefiriendo suelos frescos y húmedos.

E. OBSERVACIONES

Existen otras especies muy parecidas a esta planta, y que posiblemente presentan propiedades terapéuticas similares.

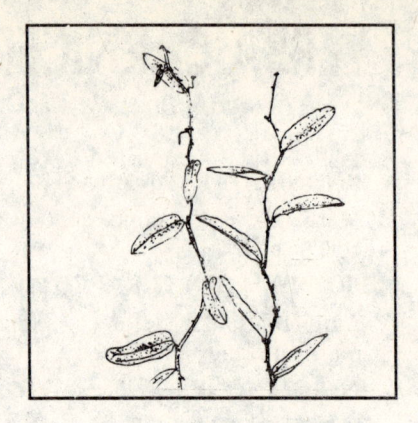

Cuarta Parte

CEREALES INTEGRALES Y LEGUMINOSAS

ARVEJA
(Pisum sativum)

A. PROPIEDADES TERAPEUTICAS
Vitaminizante, mineralizante, tónica, energética, nutriente.

B. INDICACIONES
GRANOS
— Convalecencia, desnutrición.

Uso interno: Ingerir cocidos como alimento.

C. HABITAT/CULTIVO
Planta nativa de Asia Occidental. Típica de climas templados. Crece en terrenos silicoarcillosos.

D. OBSERVACIONES
Encierra en sí muchos principios nutritivos.

ARROZ
(Oryza sativa)

A. PROPIEDADES TERAPEUTICAS

Emoliente, depurativa, antidiarreica, diurética, hipotensora, anabolizante, nutriente, energética.

B. INDICACIONES

— Enteritis, gastroenteritis, diarreas.

Uso INTERNO: Ingerir bien cocido como alimento; tomar el agua del cocimiento, varios vasos al día.

— Hipertensión arterial, edemas cardíacos y edemas renales.

Uso INTERNO: Ingerir cocido como dieta exclusiva por corto período.

— Abscesos, inflamaciones de la piel.

Uso EXTERNO: Aplicar la fécula en forma de cataplasma, dos veces al día.

C. HABITAT/CULTIVO

Su origen todavía no se ha esclarecido. Los primeros granos que se encontraron de ese cereal datan de alrededor del año 4.000 a.C.; muy cultivado en India, China y Japón. Necesita de mucha agua.

D. OBSERVACIONES

a) Las proteínas del arroz, al contrario de lo que ocurre con otros cereales, están diseminadas en todo el grano lo que aumenta su valor nutritivo.

b) Las vitaminas del complejo B se concentran en la cutícula y en el germen. Por eso se recomienda preservar esas partes cuando se lo obtiene.

c) Del arroz se extrae un aceite muy indicado para dietas especiales.

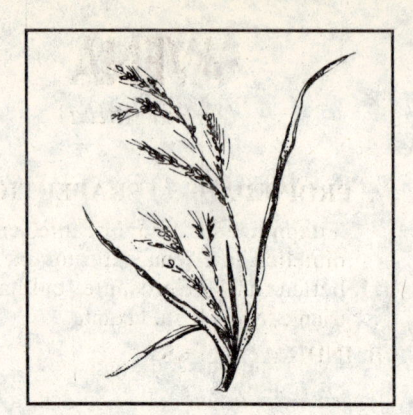

AVENA
(Avena sativa)

A. PROPIEDADES TERAPEUTICAS

Vitaminizante, anabolizante, eupéptica, diurética, lactígena, expectorante, antidiabética, antiesclerosante, calmante, nutriente, energética, laxante.

B. INDICACIONES

GRANOS

— Bronquitis, afecciones renales, gota, insomnio, ansiedad, excitación nerviosa.

Uso INTERNO: Té por tisana, ingerir 1 taza tres a cinco veces por día.

— Avitaminosis B y E, convalecencias, deficiencias de calcio, hierro y magnesio, arteriosclerosis y desnutrición.

Uso INTERNO: Avena arrollada cruda con miel y frutas o cocidos.

— Obstrucción intestinal.

Uso INTERNO: Avena arrollada cocida, ingerir como alimento.

C. HABITAT/CULTIVO

Proveniente de Europa Oriental y típica de climas templados.

D. OBSERVACIONES

a) La avena contiene hidratos de carbono semejantes a la fructuosa, que no necesitan de la insulina para ser metabolizados. Por eso, se utiliza en la alimentación de diabéticos.

b) Aunque contiene un alto tenor graso (ácido linoleico) no aumenta el colesterol, lo que posibilita su utilización como preventivo de arteriosclerosis.

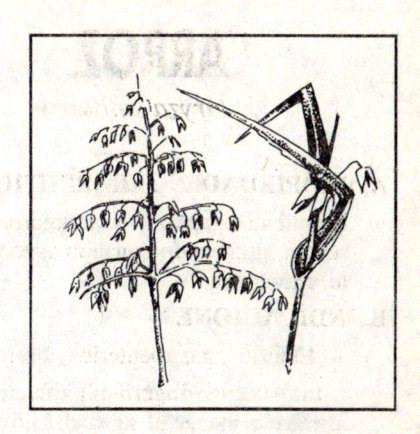

CEBADA
(Hordeum vulgare)

A. PROPIEDADES TERAPEUTICAS

Diurética, depurativa, emoliente, expectorante, nutriente, energética, tónica, alcalinizante, antiescorbútica.

B. INDICACIONES

GRANOS

— Intoxicaciones crónicas, afecciones de las vías urinarias, escorbuto, dispepsia, bronquitis crónica, desnutrición.

Uso INTERNO: Ingerir cocidos como alimento.

— Inflamaciones de la piel.

Uso EXTERNO: Cocidos, aplicar en forma de cataplasma dos veces por día.

C. HABITAT/CULTIVO

Nativa de Oriente. Crece en suelos frescos, no ácidos.

D. OBSERVACIONES

a) La malta obtenida de las semillas germinadas es muy útil en las dietas para los diabéticos, hepáticos, colísticos y los que sufren del estómago.

b) La sopa de cebada es beneficiosa para intestinos delicados.

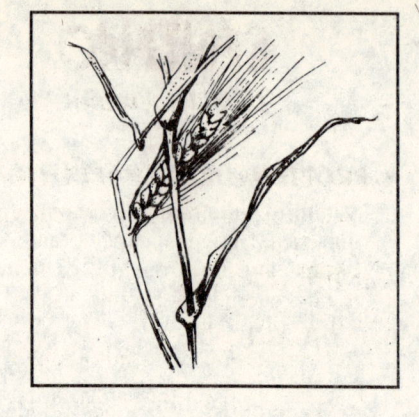

CENTENO
(Secale cereale)

A. PROPIEDADES TERAPEUTICAS
Nutriente, emoliente, energética, antiinflamatoria.

B. INDICACIONES
GRANOS

— Convalecencia, desnutrición.

Uso INTERNO: En forma de harina, ingerir como alimento.

— Abscesos, forúnculos.

Uso EXTERNO: Como harina, en forma de cataplasma, aplicar dos veces por día.

C. HABITAT/CULTIVO
Originaria del Sudeste de Asia, era considerada una hierba dañina. Prefiere clima templado o frío y suelos silicoarenosos.

D. OBSERVACIONES
Ver BROTES DE CENTENO.

GARBANZO
(Cicer arietinum)

A. PROPIEDADES TERAPEUTICAS
Emenagoga, resolutiva, diurética, vitaminizante, mineralizante, nutriente, energética, tónica.

B. INDICACIONES
GRANOS

— Hidropesía, amenorrea, dismenorrea.

Uso interno: Té por decocción, 1 taza tres a cinco veces por día.

— Abscesos, forúnculos.

Uso externo: Como harina en forma de cataplasma, aplicar dos veces al día.

— Desnutrición.

Uso interno: Cocidos, como alimento.

C. HABITAT/CULTIVO
Planta probablemente originaria del Asia (entre el Cáucaso y el Himalaya. Nunca ha sido encontrada en estado silvestre. Fue muy cultivada por los griegos de la antigüedad. Se adapta mejor a climas templados, suelos arenosos, fértiles y permeables.

D. OBSERVACIONES
a) Rico en proteínas, calcio, hierro, el garbanzo constituye un alimento altamente energético.

b) Ver BROTES DE GARBANZOS.

LENTEJA
(Lens esculenta)

A. PROPIEDADES TERAPEUTICAS
Antianémica, vitaminizante, antidiarreica, antiinflamatoria, mineralizante, nutriente, energética, neurotónica.

B. INDICACIONES
SEMILLAS

— Anemias, desnutrición, convalecencia.

Uso INTERNO: Ingerir cocidas, como alimento.

— Enteritis, enterocolitis, gastroenteritis.

Uso INTERNO: Té por decocción, 20 grs. de lentejas para 1 litro de agua; ingerir de tres a cinco veces por día.

— Parotiditis epidémica.

Uso EXTERNO: Como harina en forma de cataplasma, aplicar dos veces por día.

C. HABITAT/CULTIVO
Proviene de Oriente, introducida en Europa por los antiguos romanos. Sensible a las altas temperaturas.

D. OBSERVACIONES
Tiene alto valor nutritivo, rica en proteínas, carbohidratos y sales minerales.

MAIZ
(Zea mays)

A. PROPIEDADES TERAPEUTICAS
Diurética, colagoga, antilítica, tónica, antiséptica, laxante, nutriente.

B. INDICACIONES
ESTIGMAS

— Afecciones renales (oliguria, anuria, cálculos, etc.), cistitis, hidropesía, afecciones hepáticas y biliares.

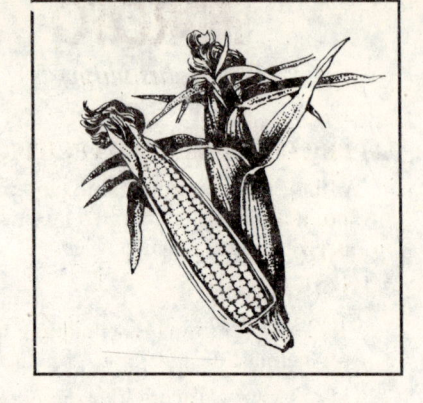

Uso interno: Té por infusión o decocción, ingerir 1 taza tres a cinco veces por día.

— Acné.

Uso interno: Té por infusión o decocción, ingerir 1 taza tres a cinco veces por día.

Uso externo: Té por infusión o decocción, compresas y baños locales.

GRANOS

— Hemorroides, obstrucción intestinal.

Uso interno: Granos torrados y molidos, preparados como café, en ayunas por la mañana.

— Desnutrición.

Uso interno: Granos cocidos y molidos, ingerir como alimento.

— Diabetes, uremia.

Uso interno: Cocinar 150 grs. de maíz amarillo en 3 1/2 litros de agua, cocinar a presión durante 3 ó 4 horas y pasar por la licuadora. Completar con agua caliente hasta 2 litros si se ha consumido. Ingerir 1 vaso de esta crema cuando se siente sed. Se sugiere ingerir como único alimento, si un profesional controlase la evolución con exámenes clínicos y de laboratorio.

C. HABITAT/CULTIVO
Nativo de América del Sur, introducido en Europa por los colonizadores españoles en el siglo XVI. Crece en suelos arenosos o arenoarcillosos.

D. OBSERVACIONES
a) Al contrario de los demás cereales, que siempre presentan vitaminas del grupo B, el maíz contiene la provitamina A, responsable de la coloración amarilla que le es característica.

b) Cereal de alto valor nutritivo; en culinaria es utilizado bajo las más diversas formas.

POROTO
(Phaseolus vulgaris)

A. PROPIEDADES TERAPEUTICAS
Hipoglucemiante, alcalinizante, antiálgico, nutriente.

B. INDICACIONES
GRANOS

— Dolores reumáticos, ciática, neuralgia en general.

Uso externo: Como harina en forma de cataplasma caliente, aplicar tres veces por día.

C. HABITAT/CULTIVO
Planta de origen incierto, es cultivada en varios tipos de suelo; se desarrolla mejor en los climas tropicales.

D. OBSERVACIONES
a) Leguminosa de alto valor nutritivo, rica en proteínas esenciales, vitaminas y sales minerales.

b) El poroto es contraindicado en casos de reumatismo, hepatitis, nefritis.

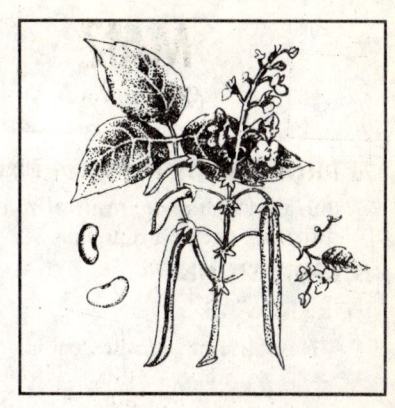

SOJA
(Glycine max)

A. PROPIEDADES TERAPEUTICAS
Nutriente, calmante, mineralizante, vitaminizante, energética, tónica.

B. INDICACIONES
GRANOS

— Desnutrición, convalecencia.

Uso INTERNO: Ingerir cocidos como alimento, en forma de harina, leche, queso, brotes, etc.

ACEITE

— Afecciones cutáneas.

Uso EXTERNO: Aplicar dos o tres veces por día.

C. HABITAT/CULTIVO
Originaria de China, usada en Japón hace más de 2000 años.

D. OBSERVACIONES
a) La soja se iguala a la carne en sustancias proteicas y grasas.

b) Se recomienda la soja para diabéticos y para portadores de alta colesterolemia.

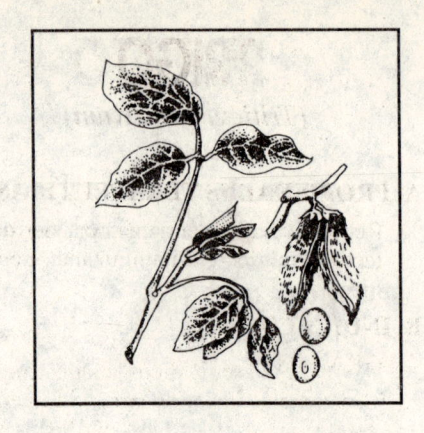

TRIGO
(Triticum aestivum)

A. PROPIEDADES TERAPEUTICAS

Reconstituyente, antianémica, dermoprotectora, nutriente, vitaminizante, neurotónica.

B. INDICACIONES

GRANOS

— Convalecencia, anemias, hipotensión, desnutrición, afecciones cardíacas y circulatorias.

Uso INTERNO: Granos enteros cocidos, ingerir 1 taza del agua de cocción, tres veces al día.

— Afecciones de la piel en general.

Uso EXTERNO: Agua del cocimiento del salvado, en forma de baños locales, dos veces al día.

C. HABITAT/CULTIVO

Supuestamente originario de regiones de temperaturas medias a calientes; es el cereal más cultivado del mundo.

D. OBSERVACIONES

a) El trigo integral encierra muchas sustancias que el organismo necesita.

b) El germen de trigo constituye una fuente de vitaminas, aminoácidos y minerales, siendo benéfico para el crecimiento infantil.

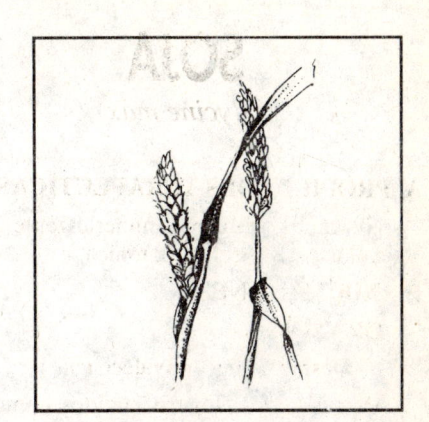

Quinta Parte

SEMILLAS GERMINADAS (BROTES)

SEMILLAS GERMINADAS

I - Generalidades

Las semillas son verdaderos acumuladores biológicos de energía solar y cósmica, bajo la forma de energía nutritiva y alimentaria. En el proceso de germinación desencadenado por el agua, por el aire, entra en operación dentro de cada semilla una poderosa "usina" productora de enzimas y de otras sustancias biológicamente activas. Los elementos que ya existían dentro son también liberados para participar de esa base inicial del crecimiento de la planta, volviéndose así más fácilmente asimilable. Así, el proceso de germinación aumenta el tenor de vitaminas y hace que los minerales y los oligoelementos asuman una forma más adecuada y aprovechable para el crecimiento de la planta recién nacida. Aparte de esto, libera la energía vital acumulada en la semilla, estimulando todos los procesos biológicos de reproducción celular.

Cuando nos alimentamos de semillas germinadas, nosotros utilizamos esas reservas de energía cósmica-nutritiva, que nunca irán a reaparecer en concentración igual en la vida posterior de una planta. De a poco, ella va consumiendo tales reservas y, cuando sus primeras hojas crecen lo suficiente, pasa a nutrirse a través de sus raíces incorporando así otra cualidad de energía.

II - De la semilla al brote

Tomemos una semilla de girasol. Esta, en su forma original es, como toda semilla, una poderosa "batería" de energía nutritiva que envuelve y protege un minúsculo embrión. La actividad biológica que ocurre en su interior es prácticamente imperceptible e indetectable, pero sabemos que existe. Debajo de la cáscara semiimpermeable, se oculta una planta en miniatura, casi microscópica: el germen o embrión, las hojas, las raíces germinativas y el tallo esbozado. Todas las diversas partes de la planta ya existen desde entonces. Cuando suministramos a esa semilla agua, aire y calor en la medida justa, tales elementos actúan sobre ella, y el germen adormecido puede entonces despertar, para recomenzar su ciclo vegetal interrumpido. El agua penetra en el interior de la semilla por un orificio llamado poro germinativo. En esta faz de absorción el volumen de la semilla aumenta considerablemente, su cáscara comienza a romperse y las sustancias que se encontraban dentro de ella en estado dormido entran en intensa actividad. Las enzimas almacenadas desencadenan transformaciones químicas y el crecimiento de la pequeña planta se inicia.

La cantidad cada vez mayor de energía que exige para la formación de sustancias, de nuevas células y de tejidos celulares, es suplida a través del uso de sus propias reservas. La proteína almacenada es descompuesta en sus aminoácidos, creándose otros no existentes. Muchas vitaminas son formadas, principalmente las del Complejo B y C, solubles en agua y las vitaminas D y E. Las grasas son transformadas en sustancias oleosas solubles y el almidón en azúcares más simples. Con la intensificación de las actividades biológicas, la concentración de vitaminas y minerales aumenta y los oligoelementos se vuelven fácilmente asimilables.

A partir de ahí, se acentúa el crecimiento de las primeras hojas y la formación de las raíces, el suplemento energético y nutritivo es consumido por ellas, así como las propias reservas acumuladas en la semilla.

Los brotes no deberían ser utilizados después que las primeras hojitas aparecen, pues a partir de ahí comienza a actuar otra calidad de energía. Cuando el sol se levanta por la mañana, el girasol le ofrece sus flores y se entrega hasta el ocaso. Absorbe y asimila por un largo período la intensa actuación de la luz y del calor solar, condensándose como sustancias nutritivas, en el interior de las semillas.

Los Incas veneraban esta planta y la tenían como el símbolo del propio sol.

Fig. 1

Fig. 2

Fig. 3

Fig. 4

165

III - Información para el cultivo de brotes

A — *Material*

1. Vidrios de conserva de boca ancha (frascos de vidrio).
2. Tela fina, gasa o algodón esterilizado, o la propia tapa agujereada con agujereadora eléctrica.
3. Tira de algodón elástico o similar (para sujetar la gasa o algodón alrededor de la boca).
4. Fuentes grandes para lavar y seleccionar las semillas.
5. Cedazo o coladores de diversos tamaños.
6. Paños gruesos y limpios para impedir que les penetre la luz.

Todo el material utilizado para el cultivo de granos debe permanecer impecablemente limpio. Es mejor hervirlos y enjuagarlos con agua caliente después de cada cultivo, para evitar la proliferación de bacterias.

Las gasas de algodón no son ideales para cerrar los frascos porque absorben mucha agua y pueden desarrollar moho. Habrá que cambiarlos con frecuencia para poder usarlos.

B — *Semillas*

Lo esencial para el cultivo de brotes es que las semillas que serán usadas sean cultivadas orgánicamente, tengan un buen poder de germinación y estén libres de tratamientos químicos.

La mayoría de las plantas son hoy pulverizadas con insecticidas y pesticidas y después de cosechadas las semillas son tratadas con venenos químicos para protegerlas contra insectos y otras plagas. Si usamos tales semillas para el cultivo de brotes, ingerimos directamente ese veneno, pues el período que va de la germinación al consumo como brote es muy corto para que sean eliminados.

Así también son suficientes apenas algunas semillas sin poder germinativo, dentro del vidrio de cultivo, para influenciar negativamente en las otras. No se abren y su almidón comienza a fermentar y putrefaccionarse, y el sabor de los brotes se deteriora. En ese ambiente las bacterias pueden proliferar.

Por eso, toda la atención es necesaria en la adquisición de semillas de buena calidad biológica. Es muy importante que durante el lavado y la selección de las semillas, se retiren las que están quebradas, marchitas, enfermas o putrefactas. Generalmente éstas flotan en el agua de lavado, resultando fácil encontrarlas.

C — Luz

En la naturaleza las semillas germinan en la semioscuridad de la tierra. Para crear condiciones semejantes, los vidrios de cultivo deben cubrirse con un paño bien grueso proveyendo una luz débil e indirecta. El ambiente donde trabajamos con ellas no debe ser muy iluminado.

D — Agua

El agua es de vital importancia para los brotes, por eso debemos usar la mejor posible para el cultivo, de preferencia agua mineral. Principalmente en la fase inicial de absorción (período en que las semillas permanecen en remojo), agua pura es esencial. Para los lavajes (enjuague) subsecuentes, pueden utilizarse otras aguas. Si hay dudas sobre la calidad, podemos usarla hervida o filtrada.

El agua usada para remojar las semillas pasa a contener muchas sustancias nutritivas por lo que no se la debe descartar. Puede emplearse en la preparación de tés, sopas o para regar plantas.

Para enjuagar las semillas, el agua no debe ser muy fría, pues los brotes son muy sensibles; con preferencia, debemos usarla tibia (temperatura de la mano). Solamente para los días muy calurosos el agua fría es indicada, porque las temperaturas más altas favorecen la formación de gases dentro del frasco de cultivo, lo que interfiere negativamente en la germinación.

E — Temperatura

La temperatura media ideal para el cultivo de los brotes debe girar en torno a los 21°C. Una variación grande para menos o para más respectivamente atrasa o acelera su desenvolvimiento.

En días calurosos, los brotes necesitan, sin falta, ser enjuagados y mojados más frecuentemente.

F — Circulación de aire

Es imprescindible que la circulación de aire dentro del frasco de cultivo permanezca constante. Al cubrir la boca del frasco, debe prestarse atención de no obstruir la boca a fin de que el aire pueda circular libremente en su interior. Si los brotes se expanden mucho dentro del frasco, es aconsejable lavarlos en cernidor o colador, para que puedan absorber mejor el aire que necesitan. Lo más indicado es usar una cantidad de semillas compatibles con el tamaño del frasco.

IV - Reglas generales para el cultivo (resumen)

1. Los brotes deben mantenerse húmedos y nunca empapados.
2. Procurar mantener una temperatura media de ambiente en torno a los 21°C.
3. Mojar regularmente los brotes, de preferencia siempre en los mismos horarios y como mínimo dos veces por día.
4. Proporcionar espacio suficiente dentro de los frascos, para que los brotes se puedan expandir libremente y tener el aire necesario.
5. En días fríos, cubrir los frascos con un tejido, para mantener la temperatura.
6. El lugar para el cultivo debe ser tranquilo, armonioso, aireado y no muy iluminado.
7. Como los brotes son muy sensibles, el ambiente psíquico debe ser también puro y lo más armonioso posible, pues ellos absorben todas las emanaciones, buenas o malas, a su alrededor.

V - Causas más comunes de mala germinación (resumen)

1. Semillas de mala calidad biológica, viejas, machucadas, quebradas, putrefactas o almacenadas inadecuadamente.
2. Semillas mantenidas secas dentro del frasco.
3. Semillas mantenidas húmedas en demasía o tratadas químicamente, o que son fáciles de entrar en estado de putrefacción.
4. Temperatura ambiental demasiado baja, impidiendo la germinación.
5. Producción excesiva de gases por:
   — Mala circulación de aire en el frasco.
   — Semillas enjuagadas inadecuadamente.
   — Semillas muy compactas en el frasco.
   — Temperatura ambiental demasiado elevada.
6. Exceso de luz sobre las semillas.
7. Mala calidad del agua.
8. Frasco de metal, en vez de usar el de vidrio.
9. Bacterias en el interior del frasco o de la tela que lo cierra.
10. Semillas que hayan recibido radiaciones, pierden su vitalidad y no germinan.

VI - Ejemplo práctico: Brotes de girasol

1. Lavar una taza de semillas de girasol en una vasija con agua, retirando las semillas estropeadas que sobrenadan, juntamente con otras pequeñas "impurezas" (pedazos de semillas, pedazos de hojas, cáscaras, etc.).
2. Colocar las semillas lavadas en un vidrio de boca ancha y de tamaño adecuado a la cantidad seleccionada, y aumentar a 7 tazas de agua filtrada (mineral, de preferencia) dejando en remojo por 12 horas en la noche hasta el día siguiente, por ejemplo.
3. Después de esas doce horas hacer una nueva limpieza, retirando los granos que no estén sanos, que sobrenadan o que no se hincha-

ron, escurrir el agua del remojo (que podrá aprovecharse para tés, sopas o para regar plantas, etc.).

4. Cerrar la boca del frasco con un pedazo de tela de nylon o una gasa de algodón, cerrar con una banda de goma, elástico o algo similar (Fig. 2) o con su propia tapa de vidrio, agujereada.

5. Colocar el frasco en posición inclinada, de modo que pueda correr el exceso de agua (por ejemplo, en colador de fideos) (Fig. 4) y cubrirlo con un paño grueso, dejando la boca del frasco libre para que el aire circule.

6. A la tarde y a la noche, enjuagar las semillas (Fig. 3) colocando agua en su interior, agitándolo bien, aguardar por un momento (para que los brotes absorban agua), y enseguida escurrir nuevamente colocando el frasco sobre el escurridor y cubriéndolo al final (Fig. 4).

7. Repetir la operación de enjuagar por lo menos tres veces por día.

8. El frasco deberá permanecer en un lugar tranquilo, armonioso, aireado y poco iluminado.

9. Cuando alcancen el tamaño, los brotes podrán ser utilizados, no debiendo dejar pasar mucho tiempo más.

Observaciones:

a) Se puede usar una vasija de vidrio grande y plana para colocar las semillas en remojo los primeros días; facilitará el proceso de limpieza y de eliminación de las que son impropias. Después del período de remojo, las semillas sanas, seleccionadas, se colocarán dentro del frasco de cultivo.

b) Una taza de semillas de girasol produce tres tazas de brotes.

c) La cantidad y la frecuencia con que los brotes deben consumirse varían de individuo a individuo.

d) Los brotes producidos deberán ser consumidos lo antes posible.

e) Este esquema básico puede seguirse con relación a otras semillas, observando la tabla individual para cultivos de cada semilla.

f) Después de germinadas, algunos brotes pueden exponerse por pocas horas a la luz natural indirecta, para que formen clorofila.

VII - Algunas informaciones sobre brotes de girasol

1 - Transformaciones a través de la germinación:
— Las proteínas (30%) se transforman en aminoácidos esenciales.
— Las grasas (36%) se transforman en sustancias oleosas solubles.
— Las vitaminas B1, B2, B3, B12, E, F, K y la vitamina D (rara en las plantas) aumentan considerablemente.
— El manganeso, cobre y fósforo, son más asimilables por el organismo.
— Las enzimas aumentan considerablemente.
2. Contienen además potasio, calcio, magnesio, zinc, cobalto, iodo, fluor y cloro.
3. Ninguna planta contiene tanto hierro como el girasol.

VIII - Grupos de brotes

Para facilitar el proceso de cultivo de brotes, ordenaremos las semillas de acuerdo con sus hábitos de germinación, no con los principios botánicos o biológicos.

Existen los siguientes grupos:
1. Semillas pequeñas: alfalfa, mostaza, sésamo, amaranto, panizo. Todas ellas crecen rápido, poseen aroma limpio y marcado a través del cual estimulan al organismo. Con excepción de la alfalfa, que tiene un sabor más suave, todos los otros brotes son de preferencia complementos para sopas, ensaladas o guisados.
2. Cereales: trigo, arroz, centeno, cebada, mijo, avena. Generalmente en dos días ya saltaron el germen y la raíz; estos brotes deberían ser usados bien tiernos, en cuanto el germen y las raíces no son mucho más largos que el propio grano. Poseen un sabor suave y dulce y complementan cualquier plato, principalmente ensaladas.
3. Leguminosas de cáscara blanda: lentejas, porotos mung (moyashi), porotos aduki. Fáciles de cultivar, hasta en grandes cantidades. Complementan platos de ensalada.

4. Leguminosas de cáscara dura: arveja, soja amarilla. Son generalmente brotes muy nutritivos, deben ser rehogados antes de consumirlos.
5. Semillas productoras de gomosidad: lino, rúcula. Durante el período de remojo, forman una sustancia mucosa y pegajosa. Crecen mejor sobre una superficie húmeda (paño de algodón, papel de filtro, etc.). Tienen sabor fuerte y picante.
6. Semillas de cáscara indigesta: girasol, trigo morisco o trigo sarraceno, calabaza, almendra. Después de la germinación, las cáscaras serán retiradas.

BROTES DE ALFALFA

1. **DE LA SEMILLA AL BROTE**
   a) Método de germinación: en vidrio.
   b) Período de remojo: 4 a 6 horas.
   c) Temperatura ambiente: 21° C.
   d) Lavar y enjuagar: 2 veces por día.
   e) Cosechar: aproximadamente después de 5 días.
   f) Tamaño del brote: 3 cms. aproximadamente.
   g) Rendimiento: 3 cucharadas soperas de semillas de alfalfa llenan una jarra de 1 1/2 litro.

2. **TRANSFORMACION POR LA GERMINACION**
   a) Las proteínas (en un tenor de 35%) se transforman en aminoácidos de alto valor nutritivo.
   b) Las vitaminas B1, B2, B3, B12, C, D, E, K y U aumentan su concentración.
   c) Los minerales tales como: fósforo, calcio, hierro, zinc, aluminio, silicio, azufre, magnesio, sodio y cobalto son fácilmente asimilables por el organismo.
   d) La alfalfa forma mucha clorofila y grandes cantidades de enzimas.

3. **INFORMACIONES GENERALES**
   — La alfalfa es extraordinariamente fuerte y vital. Sus poderosas raíces pueden alcanzar hasta 30 m. de profundidad y hasta 4 km. de largo.
   — Posee acción mineralizante, vitaminizante, nutriente, antiinflamatoria, antirreumática.
   — Casi ninguna otra semilla mejora tanto, por la germinación, la calidad de sus nutrientes.
   — Media taza de brotes de alfalfa contiene tanta vitamina C como 6 vasos de jugo de naranjas frescas.
   — Los brotes poseen uno de los más altos tenores de minerales.
   — Para aumentarles la clorofila, basta colocarlos a la luz natural por algunas horas, sobre una bandeja, cubiertos con un plástico, a fin de que no se resequen mucho.
   — La alfalfa fortalece los músculos, huesos y dientes.

— Es medicada para curar la artritis y dolencias reumáticas. Para estos casos, debe hervirse, de 5 a 10 minutos, en la siguiente proporción: 1 cucharada sopera de semillas en 1 litro de agua, tomar una taza tres veces por día.

BROTES DE ALMENDRA

1. **DE LA SEMILLA AL BROTE**
   a) Método de germinación: en vidrio o sobre papel filtro húmedo.
   b) Período de remojo: hasta 20 horas.
   c) Temperatura ambiente: 21°C.
   d) Lavar y enjuagar: salpicar agua 2 ó 3 veces por día.
   e) Cosechar: 3 ó 4 días.
   f) Tamaño del brote: aproximadamente 5 mm.
   g) Rendimiento: 1/2 taza de almendras dan 3/4 taza de brotes.
2. **TRANSFORMACION POR LA GERMINACION**
   a) Las proteínas (18%) se transforman en aminoácidos altamente vitales.
   b) Las grasas (11%) con predominio de ácidos grasos insaturados, se transforman en sustancias grasas solubles.
   c) Las vitaminas A, B1, B2 y B3 aumentan su concentración.
   d) Los minerales, tales como calcio, potasio, magnesio, fósforo, manganeso, azufre, cloro, hierro, zinc, sodio y cobre, se hacen más fácilmente asimilables.
   e) Aumentan las enzimas.
3. **INFORMACIONES GENERALES**
   — Planta de clima templado, se adapta bien a climas subtropicales.
   — Rica en minerales y oligoelementos, mineralizando y fortificando todo el organismo.
   — Estimula la producción de leche materna.
4. **OBSERVACIONES**
   Ver ALMENDRA en FRUTAS.

BROTES DE ARVEJA

1. **DE LA SEMILLA AL BROTE**
    a) Método de germinación: en vidrio.
    b) Período de remojo: 12 horas.
    c) Temperatura ambiente: 18° ó 21°C.
    d) Lavar y enjuagar: 4 veces por día, en agua fría.
    e) Cosechar: 3 días.
    f) Tamaño del brote: el mismo que el grano.
    g) Rendimiento: 1 taza de semillas por 2 tazas de brotes.

2. **TRANSFORMACION POR LA GERMINACION**
    a) Las proteínas (25%) contienen gran cantidad de aminoácidos esenciales, metamorfoseándose en aminoácidos altamente energéticos.
    b) Aumento de azúcares.
    c) Las vitaminas A, B1, B2, B6, B12 y C tienen su concentración aumentada.
    d) Los minerales, tales como calcio, fósforo, magnesio, cobre, manganeso y zinc, son de más fácil asimilación.
    e) Aumentan las enzimas.

3. **INFORMACIONES GENERALES**
    — Las arvejas deben ser bien seleccionadas para los fines de germinación; las semillas partidas fermentan inmediatamente en un medio húmedo.
    — Gran aumento de azúcar que ocurre por la germinación, por lo que el sabor de los brotes es dulce.
    — Pueden usarse en sopas, guisos o cremas.
    — La arveja es un alimento altamente energético y nutritivo, por el gran tenor de proteínas y azúcares que posee.
    — Revigoriza, revitaliza y regenera todo el organismo.

4. **OBSERVACIONES**
    Ver ARVEJA en CEREALES Y LEGUMINOSAS.

BROTES DE ARROZ

1. DE LA SEMILLA AL BROTE
   a) Método de germinación: en vidrio.
   b) Período de remojo: 12 horas.
   c) Temperatura ambiente: 21°C.
   d) Lavar y enjuagar: 2 a 3 veces por día.
   e) Cosechar: después de 3 días.
   f) Tamaño del brote: el mismo del grano.
   g) Rendimiento: 1 taza de granos produce 2 1/2 tazas de brote.

2. TRANSFORMACION POR LA GERMINACION
   a) Las proteínas (8%) se descomponen en aminoácidos vitales.
   b) Las vitaminas B1, B2, B6 y la provitamina A aumentan su concentración; a pesar de tener vitamina C en grado pequeño, con la germinación se aumenta considerablemente.
   c) Los minerales tales como calcio, zinc, potasio, hierro, magnesio y fósforo, se hacen más asimilables por el organismo.
   d) Las enzimas aumentan considerablemente.

3. INFORMACIONES GENERALES
   — En sánscrito el arroz es denominado "el sustentador de la humanidad", pues una pequeña porción proporciona mucha fuerza y energía.
   — Es, tal vez, el cereal de más fácil digestión.
   — Posee muy poco sodio, lo que favorece la eliminación de agua del organismo, ya que el sodio lo retiene.
   — Los brotes se consumen crudos, levemente tostados, o al vapor.
   — La composición química del arroz favorece la eliminación de líquidos en el organismo, por el equilibrio que existe entre el sodio y el potasio.

4. OBSERVACIONES
   Ver ARROZ en CEREALES Y LEGUMINOSAS.

BROTES DE AVENA

1. **DE LA SEMILLA AL BROTE**
   a) Método de germinación: en vidrio.
   b) Período de remojo: 4 horas.
   c) Temperatura ambiente: 18°, 21°C.
   d) Lavar y enjuagar: 1 vez por día (necesita poco agua).
   e) Cosechar: después de 2 ó 3 días.
   f) Tamaño del brote: el mismo que el grano.
   g) Rendimiento: 1 taza de granos produce 2 tazas de brotes.

2. **TRANSFORMACION POR LA GERMINACION**
   a) Las proteínas (14%) se transforman en aminoácidos vitales.
   b) Las grasas (7,5%) se transforman en aceites más solubles.
   c) Las vitaminas A, B1, B2, B3, C y E aumentan su concentración y la vitamina C en 600%.
   d) Los minerales tales como: yodo, silicio, fósforo, hierro, cobre, fluor, zinc y magnesio, son de más fácil asimilación.

3. **INFORMACIONES GENERALES**
   — La avena es altamente energética, ayuda a dar calor al organismo en épocas de frío.
   — El alto tenor de iodo, tal vez sea el generador de su gran energía.
   — Los brotes se pueden consumir crudos, levemente tostados o al vapor.
   — La avena estimula el peristaltismo intestinal, siendo levemente laxante, auxilia al organismo en casos de debilidad de estómago e intestino.
   — La masa, en forma de compresa, hace retrotraer abscesos e inflamaciones.
   — Los brotes son altamente energéticos.

4. **OBSERVACIONES**
   Ver AVENA en CEREALES Y LEGUMBRES.

BROTES DE BERRO

1. DE LA SEMILLA AL BROTE

a) Método de germinación: sobre un paño de algodón humedecido.

b) Período de remojo: 6 horas.

c) Temperatura ambiente: 21°C.

d) Lavar y enjuagar: salpicar con agua 2 veces por día.

e) Cosechar: aproximadamente 8 días.

f) Tamaño del brote: 3 a 4 cms.

g) Rendimiento: de acuerdo al número de semillas usadas.

2. TRANSFORMACIONES POR LA GERMINACION

a) El berro es rico en vitaminas A y C, cuyo tenor es considerablemente aumentado por la germinación.

b) Rico en minerales de primer orden, tales como hierro, azufre y potasio, que con la germinación se hacen más fácilmente asimilables por el organismo.

3. INFORMACIONES GENERALES

— Los brotes crecen muy rápido, 3 a 4 cms. en 8 días.

— Se cosechan cortando las plantitas de la base. Deben ser consumidas en seguida.

— De sabor levemente picante, combinan bien con diversos platos: ensaladas, sopas, legumbres, guisos, macarrones, cereales, etc.

— Para enriquecerlos con clorofila, exponerlos por algunas horas a la luz natural.

— El berro tiene acción tónica y depurativa, tonifica el corazón, el cerebro y la sangre, siendo un buen tónico en general, mejora el apetito.

— El jugo de berro mezclado con rúcula desintoxica el organismo. Por el sabor fuerte que posee, puede mezclarse con jugo de zanahoria o naranja.

4. OBSERVACIONES

Ver BERRO en HIERBAS MEDICINALES.

BROTES DE CALABAZA

1. DE LA SEMILLA AL BROTE
   a) Método de germinación: un vidrio.
   b) Período de remojo: 12 a 16 horas.
   c) Temperatura ambiente: 21°C.
   d) Lavar y enjuagar: 2 ó 3 veces al día.
   e) Cosechar: después de 3 días.
   f) Tamaño del brote: 3 mm.
   g) Rendimiento: 1 taza de semillas produce 2 tazas de brote.

2. TRANSFORMACIONES POR LA GERMINACION
   a) Las proteínas (1,2%) se transforman en aminoácidos esenciales.
   b) Las vitaminas A, B1, B2, B5 y C aumentan su concentración.
   c) La calabaza es extremadamente rica en fósforo, además de tener mucho hierro y calcio. Con la germinación esos minerales son más fácilmente asimilables por el organismo.
   d) La cantidad de enzimas aumenta.

3. INFORMACIONES GENERALES
   — Junto con el maíz y el poroto, la calabaza fue la base de la alimentación de los incas, aztecas y mayas.
   — Los brotes enriquecen las ensaladas, panes y sopas, retirando antes la cáscara que los envuelve.
   — Alimento de alto valor nutritivo, la calabaza es indicada para personas de todas las edades, siendo de fácil digestión.
   — Verdadera mina de hierro, fósforo y calcio, combate la anemia, ayudando a la formación de glóbulos rojos, oxigenando las células y formando huesos, músculos y cerebro.
   — Las semillas tostadas al horno combaten los parásitos principalmente la "tenia". Para esto las semillas deberán ser frescas, sin piel, molidas y mezcladas con miel.
   — Las semillas tostadas son indicadas para náuseas, mareos y vómitos de las embarazadas.

4. OBSERVACIONES
   Ver CALABAZA en HORTALIZAS.

BROTES DE CEBADA

1. DE LA SEMILLA AL BROTE

    a) Método de germinación: en vidrio.

    b) Período de remojo: 12 horas.

    c) Temperatura ambiente: 18° a 21°C.

    d) Lavar y enjuagar: dos veces por día.

    e) Cosechar: 2 ó 3 días.

    f) Tamaño del brote: el mismo que el grano.

    g) Rendimiento: 1 taza produce 2 1/2 taza de brotes.

2. TRANSFORMACION POR LA GERMINACION

    a) Las proteínas (10%) se transforman en aminoácidos de acción vital y fortificante.

    b) Las grasas (2,1%) se transforman en aceites más solubles.

    c) Las vitaminas B1, B2, C y E aumentan su concentración (rico en vitamina E).

    d) Los minerales tales como hierro, magnesio, fósforo, zinc, manganeso, potasio y ácido silíceo, son de más fácil asimilación.

    e) Aumentan considerablemente las enzimas.

3. INFORMACIONES GENERALES

— Considerado un alimento nutritivo y fortificante.

— Los brotes se usan en ensaladas, sopas, crudos o levemente tostados, o al vapor.

— Ayuda a neutralizar los ácidos del organismo.

— Los brotes secos se usan para el tratamiento de bronquitis crónicas y dispepsias.

— La cebada fortalece el organismo y es de fácil asimilación.

— La cebada es beneficiosa para personas con intestinos delicados y sensibles, fortaleciendo y aliviando incomodidades.

4. OBSERVACIONES

    Ver CEBADA en CEREALES y LEGUMINOSAS.

BROTES DE CENTENO

1. DE LA SEMILLA AL BROTE
   a) Método de germinación: en vidrio.

   b) Período de remojo: 12 horas.

   c) Temperatura ambiente: 18°C (prefiere el frío).

   d) Lavar y enjuagar: 2 veces por día.

   e) Cosechar: 2 ó 3 días.

   f) Tamaño del brote: el mismo que el grano.

   g) Rendimiento: 1 taza de granos produce 2 1/2 tazas de brotes.

2. TRANSFORMACION POR LA GERMINACION
   a) Las proteínas (12%) se transforman en aminoácidos de alto valor nutritivo y fortificante.

   b) Las vitaminas B1, B2, B3, E, aumentan su concentración.

   c) Los minerales tales como magnesio, fósforo, hierro, fluor son más asimilables. Lo mismo ocurre con la gran concentración de potasio.

   d) Aumentan las enzimas.

3. INFORMACIONES GENERALES
   — Es un cereal muy resistente, que crece en suelos pobres, penetrando sus raíces en lo más profundo del suelo, retirando los minerales.

   — Los brotes se pueden consumir crudos, levemente tostados o al vapor.

   — La harina de centeno se usa en panes para los diabéticos, es nutritiva y energética.

   — Sola o en forma de cataplasma, es usada en abscesos o inflamaciones en general.

4. OBSERVACIONES
   Ver CENTENO en CEREALES Y LEGUMBRES.

BROTES DE GARBANZO

1. DE LA SEMILLA AL BROTE

    a) Método de germinación: en vidrio.

    b) Período de remojo: 12 horas.

    c) Temperatura ambiente: 18°C, no superior.

    d) Lavar y enjuagar: 2 ó 3 veces por día.

    e) Cosechar: después de 3 días (en más días, podrían volverse amargos).

    f) Tamaño del brote: 3 ó 5 mm.

    g) Rendimiento: 1 taza de granos produce 4 ó 5 tazas de brotes.

2. TRANSFORMACION POR LA GERMINACION

    a) Las proteínas (18/25%) contienen muchos aminoácidos esenciales, que se transforman en aminoácidos de gran poder para el organismo.

    b) Las vitaminas A, B1, B2, B3, B12, C y E aumentan su concentración.

    c) Gran contenido de hierro y también de los minerales: fósforo, zinc, manganeso y potasio; se transforman en más asimilables para el organismo.

    d) Las enzimas aumentan.

3. INFORMACIONES GENERALES

— Los brotes deben ser cocinados, por su contenido de fasina, sustancia levemente tóxica que se destruye por el calor.

— Se pueden cocinar al vapor (aprox. 10 minutos) o levemente tostados.

— Es un alimento dietético-medicinal, usado como diurético y normalizador de la menstruación.

— Altamente nutritivo, este grano sacia el apetito por su alto contenido de proteínas y carbohidratos.

— Por su gran tenor de nutrientes, fortalece y vivifica todo el organismo (sangre, sistema nervioso, actividad celular, etc.).

4. OBSERVACIONES

    Ver GARBANZOS en CEREALES Y LEGUMINOSAS.

BROTES DE SESAMO (GERGELIN)

1. DE LA SEMILLA AL BROTE
 a) Método de germinación: en vidrio.
 b) Período de remojo: 4 horas.
 c) Temperatura ambiente: 21°C.
 d) Lavar y enjuagar: 2 veces por día.
 e) Cosechar: no más de 2 días.
 f) Tamaño del brote: el mismo que el grano.
 g) Rendimiento: 1 cucharada sopera de semillas produce aproximadamente 1 1/2 taza de brotes.

2. TRANSFORMACION POR LA GERMINACION
 a) Las proteínas cuyo tenor se eleva de 20 a 45%, se descomponen en aminoácidos activos.
 b) Las grasas en su mayoría (90%) insaturadas, tienen su tenor aumentado de 5 a 55% y se transforman en aceites más solubles.
 c) El tenor de lecitina, magnesio, calcio, fósforo y hierro aumenta y se hacen más asimilables.
 d) Las vitaminas A, B1, B2, B3, C y E aumentan su concentración.
 e) Aumentan las enzimas.

3. INFORMACIONES GENERALES
 — Tiene acción nutriente, antiiflamatoria, antirreumática y cicatrizante.
 — Tiene un aceite de calidad excepcional.
 — Sus aminoácidos estimulan la formación de proteínas necesarias en los regímenes donde no se ingiere carnes, siendo de alto valor nutritivo.
 — Su aceite, de efecto antiinflamatorio, es usado en fricciones para dolores reumáticos y también para quemaduras de primer grado (aplicación y tópica).

BROTES DE LENTEJA

1. **DE LA SEMILLA AL BROTE**
   a) Método de germinación: en vidrio.
   b) Período de remojo: 12 horas.
   c) Temperatura ambiente: 21°C.
   d) Lavar y enjuagar: 2 ó 3 veces por día.
   e) Cosechar: aproximadamente 3 días.
   f) Tamaño del brote: hasta 2 cm.
   g) 1 taza de semillas produce 6 tazas de brotes.

2. **TRANSFORMACION POR LA GERMINACION**
   a) Las proteínas (25%) de alto valor nutritivo, se transforman en aminoácidos más energéticos.
   b) Las vitaminas B1, B2, B3, B6, B12, tienen su concentración aumentada; su gran cantidad de vitamina C se aumenta más.
   c) Los minerales tales como: fósforo, hierro, zinc, manganeso, magnesio, calcio, sodio y cobre, son más asimilables.
   d) Aumentan las enzimas.

3. **INFORMACIONES GENERALES**
   — Alimento de alto valor energético y fácil digestión.
   — Los brotes son buenos complementos para sopas, ensaladas, legumbres, etc.
   — Revigorizan y energizan todo el organismo. Se constituye en el plato ideal para anémicos, fortaleciendo la sangre y el sistema nervioso, pues es rica en fósforo y hierro.
   — Util para inflamaciones glandulares, en forma de cataplasma con su harina.
   — Té de lentejas es eficiente para disturbios intestinales en general 2 grs. de semillas para 1 litro de agua, hervir 5 ó 10 minutos, tomar 1 taza, una a tres veces por día.

4. **OBSERVACIONES**
   Ver LENTEJAS en CEREALES Y LEGUMINOSAS.

BROTES DE LINO

1. DE LA SEMILLA AL BROTE

a) Método de germinación: en vidrio.

b) Período de remojo: aproximadamente 4 horas.

c) Temperatura ambiente: 21°C.

d) Lavar y enjuagar: 4 veces por día.

e) Cosechar: aproximadamente 2 días.

f) Tamaño del brote: el mismo que el grano.

g) Rendimiento: 1 taza de semillas produce 1 1/2 taza de brotes.

2. TRANSFORMACION POR LA GERMINACION

a) Las proteínas (23%) se transforman en aminoácidos esenciales.

b) Las grasas (40%) con predominancia de ácidos grasos insaturados (75%) se transforman en sustancias aceitosas más solubles.

c) Las vitaminas E, F y K tienen su concentración aumentada. Están presentes las vitaminas A, B1, B2, C y D.

d) Contiene mucho calcio, hierro, fósforo, magnesio y cobre que, con la germinación se hacen más asimilables.

e) Las enzimas se aumentan.

3. INFORMACIONES GENERALES

— Las semillas se envuelven en una masa gelatinosa durante la germinación.

— Para que las semillas germinen, es necesario lavarlas muy bien.

— Se pueden dejar las semillas hasta que formen plantitas, cultivándolas sobre un paño de algodón. Salpicarlas con agua 2 veces al día; después de 8 días se las podrá cosechar, con aproximadamente 4 cm. de altura.

— Tienen acción antiinflamatoria, vitaminizante, cicatrizante.

— Para inflamaciones de la mucosa del estómago o de los intestinos, se las puede ingerir crudas, trituradas; para inflamaciones de estómago, ingerirlas después de haber sido remojadas o usarlas en forma de té.

— Para constipación: semillas trituradas gruesas, ingeridas con bastante agua (2 cucharadas soperas de semillas para un vaso de agua).

— Las semillas deben triturarse en el momento de ser usadas, para que el aire no altere sus sustancias.

— Té: 3 cucharadas soperas de semillas para 1/2 litro de agua.

Colocar las semillas en agua hirviendo, dejar aproximadamente 7 minutos y colar, o dejarlas en agua hirviendo toda la noche.

— El té contiene mucha vitamina F que tiene efecto curativo sobre la mucosa de los intestinos.

BROTES DE MOSTAZA

1. DE LA SEMILLA AL GRANO

a) Método de germinación: en vidrio.

b) Período de remojo: 6 horas.

c) Temperatura ambiente: 21°C.

d) Lavar y enjuagar: 2 veces por día.

e) Cosechar: después de 2 días.

f) Tamaño del brote: 3 ó 4 cms.

g) Rendimiento: 2 cucharadas soperas de semillas producen 3 de brotes.

2. TRANSFORMACION POR LA GERMINACION

a) Las grasas (3%) se transforman en sustancias oleosas solubles.

b) Los minerales se asimilan y absorben más fácilmente.

c) Aumenta la cantidad de enzimas.

3. INFORMACIONES GENERALES

— La semilla de mostaza es picante, la germinación modifica su sabor.

— Se pueden obtener brotes de mostaza, dejándolos crecer sobre un paño húmedo hasta que alcancen el tamaño de pequeñas plantitas, cosechándolas entre 6 y 12 días. Deben mojarse dos veces por día. Sirven para condimentar salsas, sopas y ensaladas.

— La mostaza tiene acción depurativa, antiséptica, tónica, digestiva y diurética.

— Estimula la digestión.

— Cura disturbios intestinales y regenera la flora intestinal después del uso de antibióticos.

— Estimula los órganos de eliminación (riñones, pulmones, hígado, intestino) curando erupciones de la piel.

— Cura de mostaza: Las semillas deben ser ingeridas sin masticar, inicialmente en pequeñas cantidades, que van en aumento gradualmente cada día; son finalmente eliminadas enteras por el organismo, promoviendo una acción benéfica.

4. OBSERVACIONES

Ver MOSTAZA en HORTALIZAS.

BROTES DE PANIZO

1. **DE LA SEMILLA AL GRANO**
    a) Método de germinación: en vidrio.
    b) Período de remojo: 8 horas.
    c) Temperatura ambiente: 21°C.
    d) Lavar y enjuagar: 3 veces por día.
    e) Cosechar: después de 3 días.
    f) Tamaño del brote: 2 mm.
    g) Rendimiento: 1 taza de semillas produce 2 tazas de brotes.
2. **TRANSFORMACION POR LA GERMINACION**
    a) Las proteínas (10%) contienen todos los aminoácidos esenciales que se descomponen en aminoácidos más activos.
    b) Las grasas (3,9%) se transforman en sustancias oleosas más solubles.
    c) Las vitaminas del complejo B tienen una mayor concentración.
    d) Los minerales tales como hierro, fósforo, fluor, cobre, magnesio, sodio, potasio, son más asimilables por el organismo.
    e) Aumentan las enzimas.
3. **INFORMACIONES GENERALES**
    — El panizo posee en forma muy equilibrada, sustancias de acción altamente vital; es de fácil digestión.
    — Su gran concentración de fluor fortalece la piel, cabellos y uñas.
    — Las semillas son diuréticas, útil en las inflamaciones de riñones y vejiga.
    — También en las afecciones de estómago e intestino.
    — Los brotes son altamente eficaces en las dolencias de la piel en general.

BROTES DE POROTO ADUKI

1. DE LA SEMILLA AL BROTE
   a) Método de germinación: en vidrio, o una vasija de vidrio transparente.
   b) Período de remojo: 12 horas.
   c) Temperatura ambiente: 21°C.
   d) Lavar y enjuagar: 2 veces por día.
   e) Cosechar: después de 3 ó 5 días.
   f) Tamaño del brote: 2 ó 3 cm.
   g) Rendimiento: 1 taza de semillas produce aproximadamente 3 ó 4 tazas de brotes.

2. TRANSFORMACION POR LA GERMINACION
   a) Las proteínas (25%) se transforman en aminoácidos de alto valor biológico y nutritivo.
   b) Las vitaminas A, B1, B2, B3 y C tienen aumentada su concentración.
   c) Los minerales, tales como hierro, calcio, magnesio y fósforo, son de más fácil asimilación por el organismo.
   d) Las enzimas aumentan.

3. INFORMACIONES GENERALES
   — El poroto aduki es de más fácil digestión que otros porotos.
   — Tiene acción tónica sobre los tejidos, sobre el sistema renal; es nutritivo y energético.
   — Tonifica los tejidos débiles.
   — En las afecciones renales, ingerir diariamente pequeñas porciones de aduki cocido, para el fortalecimiento del sistema renal.

BROTES DE POROTO MUNG (MOYASHI)

1. DE LA SEMILLA AL BROTE

a) Método de germinación: en vidrio.

b) Período de remojo: 12 horas.

c) Temperatura ambiente: no superior a los 21°C.

d) Lavar y enjuagar: 2 ó 3 veces al día.

e) Cosechar: después de 5 días.

f) Tamaño del brote: 1 ó 2 cms.

g) Rendimiento: 1 taza de semillas produce aproximadamente 5 ó 7 tazas de brotes.

2. TRANSFORMACION POR LA GERMINACION

a) Aumenta considerablemente el contenido de colina (vitaminas del complejo B).

b) Las proteínas fácilmente asimilables se transforman en aminoácidos altamente nutritivos.

c) Las vitaminas A, B1, B2, B12, C y E aumentan su concentración.

d) Los minerales tales como calcio, hierro, potasio y fósforo son más asimilables.

e) Las enzimas aumentan considerablemente.

3. INFORMACIONES GENERALES

— Brotes de fácil cultivo y fácil digestión.

— Consumidos preferentemente crudos.

— Tienen acción neurotónica, depurativa, nutriente y hepática.

— Por su gran concentración de colina el poroto Moyashi es importante para la nutrición de células cerebrales, tonificando los impulsos nerviosos y vitalizando la memoria.

— Ayuda al organismo en la eliminación de venenos y medicamentos, apoyando el trabajo del hígado.

— Controla los niveles de colesterol en la sangre.

BROTES DE RUCULA

1. DE LA SEMILLA AL GRANO

a) Método de germinación: sobre papel filtro húmedo, o sobre una bandeja de vidrio (plana).

b) Período de remojo: 6 horas.

c) Temperatura ambiente: 21°C.

d) Lavar y enjuagar: salpicar con agua 2 ó 3 veces al día.

e) Cosechar: aproximadamente en 1 semana.

f) Tamaño del brote: 3 ó 4 cm.

g) Rendimiento: de acuerdo con las cantidades de semillas usadas.

2. TRANSFORMACION POR LA GERMINACION

a) La rúcula es muy rica en vitamina A y C cuyos tenores aumentan con la germinación.

b) Los minerales tales como: potasio, azufre y hierro, que contienen en grandes cantidades, se hacen más asimilables por el organismo.

3. INFORMACIONES GENERALES

— Se cosechan las plantitas, cortándolas por la base.

— Tienen sabor picante, se pueden mezclar con ensaladas y salsas, etc.

— Es de fácil cultivo, tanto el brote como la hortaliza (para producir sus propias semillas).

— Ejerce acción especial sobre el funcionamiento de los intestinos.

— Es antiinflamatorio en casos de colitis.

— El jugo de rúcula combinado con el de berro, es altamente desintoxicante del organismo.

— Por su sabor fuerte, se puede mezclar con jugo de zanahoria o naranja.

— Estimula las funciones orgánicas.

— Favorece la diuresis.

4. OBSERVACIONES

Ver RUCULA en HORTALIZAS.

BROTES DE SOJA

1. DE LA SEMILLA AL GRANO

    a) Método de germinación: en vidrio.

    b) Período de remojo: 12 horas.

    c) Temperatura ambiente: 18°C.

    d) Lavar y enjuagar: cada 4 horas, meticulosamente.

    e) Cosechar: después de 3 días.

    f) Tamaño del brote: 1 cm.

    g) Rendimiento: 1 taza de semillas produce 4 tazas de brotes.

2. TRANSFORMACION POR LA GERMINACION

    a) Las proteínas (37%, dos veces más que las contenidas en la carne) con todos los aminoácidos esenciales, se transforman en aminoácidos de alto valor biológico.

    b) Las grasas (18%, siendo 10% de ellas constituidas de ácidos grasos insaturados) que se transforman en sustancias oleosas más solubles.

    c) Las vitaminas A, B1, B2, B3, B5, B12, C y K aumentan su concentración.

    d) Los minerales, tales como: calcio, hierro, manganeso, potasio, magnesio y fósforo, se hacen más asimilables.

    e) Las enzimas y la lecitina aumentan considerablemente.

3. INFORMACIONES GENERALES

— En caso de no germinar pronto, las semillas comenzarán a fermentar.

— El cultivo de los brotes requiere paciencia y esfuerzo; para evitar la fermentación es necesario lavados frecuentes y cuidadosos.

— Ninguna leguminosa contiene más proteína que la soja.

— Es una de las mayores fuentes de lecitina, grasas fosfatadas, que hacen el colesterol más soluble.

— Por el gran tenor de vitamina B12 que presenta, suple las carencias de este elemento en los regímenes vegetarianos estrictos.

— Considerado alimento de alto valor energético.

— Recomendado para personas delgadas, debilitadas, convalecientes y diabéticas, también usada para combatir dolencias de la piel y arteriosclerosis.

4. OBSERVACIONES

    Ver SOJA en CEREALES Y LEGUMINOSAS.

BROTES DE TRIGO

1. DE LA SEMILLA AL GRANO

   a) Método de germinación: en vidrio.

   b) Período de remojo: 12 horas.

   c) Temperatura ambiente: 18/21°C.

   d) Lavar y enjuagar: 2 veces por día.

   e) Cosechar: después de 2 ó 3 días.

   f) Tamaño del brote: el mismo que el grano.

   g) Rendimiento: 1 taza de granos produce 2 1/2 tazas de brotes.

2. TRANSFORMACION POR LA GERMINACION

   a) Las proteínas (11,7%) se transforman en aminoácidos altamente vitales.

   b) Las grasas (2%) se hacen más solubles.

   c) Las vitaminas B2, B3, B5, C y E aumentan su concentración (por ejemplo, la vitamina C en 600%, la vitamina E en 300%).

   d) Los minerales, tales como: hierro, fósforo, magnesio, manganeso y zinc, se hacen más asimilables.

   e) Las enzimas aumentan.

   f) El gran tenor de calcio se hace más activo y asimilable.

3. INFORMACIONES GENERALES

   — Un grano de trigo concentra en sí las energías cósmicas del sol. Siempre fue así, como medio de unión entre el ser humano y el sol.

   — Pueden consumirse crudos, levemente tostados o al vapor.

   — Altamente nutritivo y vital, óptimo complemento de vitaminas B, C y E, necesarias para activar la regeneración celular.

   — Excelente regenerador y tónico para los nervios.

   — Recomendado para el cansancio en general, anemia, presión baja, disturbios de corazón y de circulación, en estos casos deben ser usados diariamente.

BROTES DE TRIGO SARRACENO

1. DE LA SEMILLA AL GRANO

a) Método de germinación: en vidrio o sobre paño húmedo.

b) Período de remojo: no debe colocarse en remojo.

c) Temperatura ambiente: 21°C.

d) Lavar y enjuagar: enjuagar rápidamente 2 veces al día, o salpicar con agua cuatro veces al día.

e) Cosechar: después de 2 ó 3 días.

f) Tamaño del brote: 5 mm.

g) Rendimiento: 1 taza de granos produce 3 tazas de brotes.

2. TRANSFORMACION POR LA GERMINACION

a) Las proteínas (12%) semejantes a las de la carne, se transforman en aminoácidos esenciales (rico en licina, uno de los aminoácidos esenciales más importantes, que generalmente no existen en otros cereales).

b) Todas las vitaminas del Complejo B y la vitamina C tienen aumentada su concentración.

c) Los minerales tales como: fósforo, potasio, calcio, cobre, magnesio y hierro.

d) Las enzimas aumentan.

3. INFORMACIONES GENERALES

— El trigo sarraceno forma una sustancia gomosa cuando se deja en remojo. Para que los granos no se humedezcan demasiado, es necesario salpicarlos con poca agua, pero con frecuencia. Se puede hacer un enjuague rápido, cuando se cultivan en vidrio.

— Retirar las cáscaras antes de usarlos (en ensaladas, sopas, guisados, etc.).

— El trigo sarraceno tiñe el agua de rojo violáceo al ser cocido, formando además una sustancia gomosa. Para evitar esto, se puede colocar el trigo en agua fría, dejar hervir por poco tiempo y cambiar el agua, repitiendo esta operación una segunda vez (el agua que se cambia puede aprovecharse para sopas).

— Es un alimento rico, que genera energía y ayuda al organismo.

— Recomendado para personas con órganos digestivos muy sensibles.

Sexta Parte

INFORMACIONES COMPLEMENTARIAS

GLOSARIO

INFORMACIONES COMPLEMENTARIAS

1. TES:

a) Por maceración:

— Remojar 1 ó 2 cucharaditas (té) de hierbas secas o frescas por cada taza de agua, por un período de 12 a 18 horas para las partes tiernas de la planta, de 18 a 24 horas para las partes duras, dejar a temperatura ambiente. Calentar levemente, colar y beber sin endulzar (con preferencia).

— Esta forma está indicada para plantas ricas en aceites esenciales (aromáticas). Así se aprovechan las vitaminas y minerales contenidos en la hierba.

b) Por infusión:

— Agregar agua hirviendo sobre las hierbas secas o frescas, proporción de 1 ó 2 cucharaditas de té de hierba para cada taza de té, tapar y dejar reposar de 5 a 10 minutos. Enseguida tomar el té, con preferencia sin endulzar, 3 a 5 tazas por día.

— Esta forma está indicada para las partes más delicadas o nobles de la planta, las flores y las hojas tiernas.

— Si fueran usadas las cáscaras, palos, raíces, debe picarse todo finamente, y el tiempo de reposo en agua hirviendo debe ser de 30 minutos.

c) Por decocción:

— En un recipiente adecuado, colocar agua fría y las hierbas secas o frescas, 1 ó 2 cucharaditas de té de hierbas por cada taza de agua, llevar a fuego bajo y cocinar de 3 a 30 minutos. Enseguida dejar en reposo por algunos minutos, colar y tomar el té, sin endulzar, 3 a 5 tazas por día. Esta forma es indicada para las partes más duras de las plantas, o sea, raíces, troncos, tallos, semillas, etc., que liberan más difícilmente sus principios activos. Las hierbas deben estar bien picadas y hervidas durante 10 a 30 minutos.

— Si las flores y hojas fueran usadas, el tiempo de cocción es de 3 a 5 minutos.

— Cuando en el mismo té se usan partes blandas y duras su cocción deberá hacerse por separado.

d) *Por tisana:*

— Dejar el agua hervir y agregar las hierbas, 1 ó 2 cucharaditas (té) de hierbas secas o frescas, por cada taza de agua, tapando enseguida el recipiente. Hervir de 3 a 5 minutos y retirar del fuego. Después de algunos minutos de reposo, colar y beber el té, sin endulzar, 3 a 5 tazas por día.

Observaciones:

a) Usar preferentemente recipientes esmaltados, de vidrio, barro, loza, inoxidable, nunca de metal (aluminio, hierro).

b) Una cucharada (sopera) de hojas verdes es igual a 5 gramos y una de hojas secas es igual a 2 gramos.

c) Si se desea endulzar el té hacerlo apenas con miel.

d) Preparar lo que se tomará ese día, no guardar para el día siguiente.

e) El uso del mismo té no debería pasar los 2 meses.

f) Las dosis para los niños deberá ser la mitad de las aquí indicadas que son para adultos.

g) Los tés deben ser usados lejos de las comidas (1 hora antes ó 2 después), excepto los estimulantes del apetito y los digestivos.

h) Para afecciones catarrales, pulmonares, garganta, resfriados, afecciones febriles, tomar el té caliente.

* * *

2. COMPRESAS

Actúan en la medida en que los principios activos de las plantas penetran a través de la piel, estimulando así sus tejidos y órganos subyacentes. Son usadas en hemorragias externas, heridas, contusiones. El calor de las compresas también permite que su acción se extienda a algunos órganos sobre la piel. En contusiones y en muchas inflamaciones de la piel, es preferible usar compresas frías.

Modo de preparación y dosis normal:

Hacer un té por infusión o decocción, 1 ó 2 cucharadas soperas para 200 ó 300 ml. de agua, humedecer un paño de algodón blando, aplicar en la zona afectada y cubrir con un paño de lana más grueso, 1 a 3 veces por día.

* * *

3. CATAPLASMAS

Actúan en forma semejante a las compresas. Por ser frías, se aplican sobre inflamaciones en general, heridas de difícil cicatrización y dolorosas, contusiones agudas, etc.

Modo de preparación:

a) Aplicar las hierbas frescas y bien limpias sobre las partes afectadas. Repetir con hierbas frescas 20 minutos después.

b) Las hierbas frescas, limpias y amasadas (hasta que adquieran consistencia pastosa) directamente sobre la piel envueltas en tejido fino. Repetir la operación.

c) Si no tuviese hierbas frescas, usar las secas, hacer una bolsita o saquito con tejido fino y envolver las hojitas, remojar en agua caliente, exprimir y aplicar sobre las partes afectadas, cubrir con paño de lana o tejido grueso, dejar actuar por 20 ó 30 minutos.

Observaciones:

— Usar para la preparación instrumentales de madera, evitando el contacto con el metal.

* * *

4. JUGOS

Los jugos obtenidos de las plantas frescas, aprovechan más las vitaminas, los minerales y otras sustancias, que son destruidas por el calor usado para hacer el té.

Modo de preparación:

— Pueden prepararse en centrífugas o licuadoras o manualmente.

Dosis normales:

a) Adultos: Una cucharada de (té) jugo fresco diluido con un poco de agua, tres veces al día, 30 minutos antes de las comidas.

b) Adolescentes: Mitad de la dosis de adultos.

c) Niños de 5 a 10 años: 1/3 de la dosis de adultos.

d) Niños de 1 a 5 años: 1/4 de la dosis de adultos.

Observaciones:

Los jugos son muy ricos en vitaminas y minerales, sin embargo, como su vitalidad es corta, deben ser usados siempre frescos, nunca se los preparará con antelación.

* * *

5. BAÑOS

A través de los baños de hierbas la piel es estimulada, purificada y masajeada por las sustancias en ellas contenidas. Todo el organismo puede beneficiarse con los efectos calmantes, estimulantes, refrescantes, aromáticos, etc., que las diferentes hierbas poseen.

Modo de preparación-dosis normal:

a) Hacer un té por infusión o decocción, en la proporción de una mano llena de hierbas frescas o secas para un litro de agua, colar y mezclar con el agua que servirá para el baño.

b) Preparar una bolsita o saquito de tela fina, envolver ahí las hierbas y sumergir la bolsita en el agua del baño.

c) Baños (de cuerpo entero o parciales) son prescriptos una vez al día.

* * *

6. TINTURAS

Las tinturas son usadas cuando se desea que los principios activos de una planta alcancen lo más rápido posible su tránsito, para actuar sobre los órganos afectados. Esto ocurre con la absorción de esos principios activos de la mucosa de la boca.

Modo de preparación:

Tomar 50 grs. de la parte vegetal a ser usada (hojas, raíces, cáscara, tallo, planta toda, etc.) cubrir con 1/2 litro de alcohol, dentro de un frasco de vidrio transparente y bien cerrado. Colocar el frasco al sol durante una semana y enseguida colar el contenido a través de un paño limpio. Después de un día, pasar ese líquido colado en un filtro de papel.

Dosis normal:

a) Adultos: 15 a 20 gotas, 1 a 3 veces por día.

b) Adolescentes y niños mayores de 7 años: 10 a 15 gotas, una o dos veces por día.

c) Niños de 1 a 7 años: 5 a 10 gotas, 1 a 3 veces al día.

* * *

7. GARGARAS Y BUCHES

Son indicados para las afecciones de la boca y garganta (mucosas, amígdalas, faringe). Los tés se usan como gárgaras o buches.

Modo de preparación-dosis normal:

— Preparar el té por decocción, 1 ó 2 cucharadas soperas de la hierba indicada por cada taza de agua.

— Usarlo en gárgaras, varias veces al día.

— Después del uso, el té deberá ser expedido de la boca.

— Estos lavados son usados preventivamente en la higiene matinal y nocturna, utilizando las hierbas antisépticas.

* * *

8. UNGÜENTOS Y POMADAS

Las sustancias terapéuticas de las plantas pueden, por medio de ungüentos y pomadas, permanecer más tiempo sobre la piel, actuando más lentamente sobre ella y sobre los órganos más externos.

Se emplean para las mismas finalidades que las cataplasmas.

Modos de preparación y dosis corrientes:

a) Mezclar la hierba amasada a una sustancia grasa (vaselina, lanolina, aceite de coco o de almendra).

b) Mezclar el jugo de la hierba a una sustancia grasa (ver punto a) y añadir un poco de cera de abeja.

c) Cocinar, durante dos o tres minutos, una o dos cucharadas soperas de hierba en 200 grs. de vaselina, agitar bien y colar de inmediato. Dejar enfriar y guardar en un frasco de vidrio. Usar cuando sea necesario.

d) Los ungüentos y pomadas deben ser renovados de una a tres veces por día.

* * *

9. JARABES

Son usados cuando se desea mejorar el sabor de ciertas hierbas medicinales, para personas que poseen paladar sensible, niños, etc. Son indicados principalmente en las toses, catarros pulmonares, bronquitis, etc.

Modos de preparación:

a) Mezclar jugos, macerados o decocidos con miel, mitad y mitad.

b) Hervir por poco tiempo (2-3 minutos) 100 grs. de hierbas secas o frescas en 1 litro de agua, dejar reposar durante 2 ó 3 días y luego exprimir y filtrar. Enseguida adicionar azúcar a ese jugo en la proporción de 1/2 kg. por cada litro.

Dosis corriente:

a) Adultos: Una cucharada sopera de 1 a 3 veces por día.

b) Adolescentes y niños mayores: 1 cucharada de postre de 1 a 3 veces por día.

c) Niños pequeños: 1 cucharadita de té de 1 a 3 veces por día.

* * *

10. *POLVOS MEDICINALES*

Los preparados de hierbas medicinales, en forma de polvo, son usados internamente o externamente.

Modo de preparación:

Secar bien las hierbas y triturarlas lo suficiente hasta pulverizarlas.

Dosis corriente:

a) Uso interno: Diluir una pequeña porción de polvo en un poco de agua y tomar 3 veces por día 30 minutos antes o después de las comidas.

b) Uso externo: Mezclar el polvo con aceite, vaselina o en un poco de agua y aplicar sobre la piel en caso de heridas, inflamaciones, contusiones, etc.

* * *

11. *OLEOS MEDICINALES*

Se usan cuando no se pueden hacer pomadas o compresas.

Modo de preparación:

Tomar un puñado de hierbas secas o frescas, colocarlas en un frasco transparente, volcar sobre ellas aceite de oliva, cerrar bien y dejar durante 2 ó 3 semanas expuesto al sol. Filtrar luego y separar la camada de agua que eventualmente puede formarse.

Observaciones:

a) A falta de aceite de oliva puede usarse otro aceite de buena calidad (girasol, maíz, etc.).

b) Oleos de hierbas deben ser conservados en frascos marrones.

12. INHALACIONES

Consisten en el aprovechamiento de la acción conjunta del vapor del agua caliente con el aroma de sustancias volátiles (por ejemplo: eucalipto, romero, etc.) y son indicadas por lo general en las afecciones catarrales de las vías respiratorias.

Modo de preparación y de dosis normales:

— Colocar la hierba a ser utilizada en un recipiente con agua hirviendo, en la proporción de 1 cucharada sopera de hierba fresca o seca por cada 1/2 litro de agua; respirar lentamente el vapor, expeliéndolo luego. Respirar así rítmicamente durante unos 15 minutos.

— El recipiente puede permanecer en el fuego para mantener la producción de vapor.

— El uso de un pequeño embudo de papel duro (cartulina, por ejemplo) para permitir la aspiración del vapor, así como el uso de una toalla sobre los hombros, la cabeza y el recipiente, aumenta la eficacia del tratamiento.

— Por lo general se deben hacer de una a tres veces por día.

— La preparación y la práctica de las inhalaciones requieren en general un cuidado muy riguroso principalmente cuando se trata de niños, por el riesgo de quemaduras, tanto por el agua caliente cuanto por el vapor.

GLOSARIO

ACIDOSIS: Aumento patológico de los ácidos del organismo.

ACIDO URICO: Ver gota.

ADENITE: Inflamación de un ganglio linfático.

ASTRINGENTE: Que contrae los tejidos y vasos sanguíneos, disminuyendo la secreción de las mucosas.

AFECCION: Lo mismo que enfermedad.

ALBUMINURIA: Eliminación de albúmina a través de la orina.

ALCALINIZANTE: Que neutraliza los ácidos del organismo.

AMENORREA: Ausencia de menstruación.

ANABOLIZANTE: Que estimula la regeneración del organismo.

ANASARCA: Retención generalizada de agua en el organismo, principalmente sobre la piel.

ANTIACIDO: Que combate la acidez gástrica.

ANTIALGICO: Que suprime el dolor.

ANTICOAGULANTE: Que impide la coagulación de la sangre.

ANTIEMETICO: Que suprime o evita los vómitos.

ANTIESPASMODICO: Que impide o alivia los espasmos musculares.

ANTIHERPETICO: Indicado en el tratamiento de los herpes.

ANTIICTERICO: Que se usa para tratar la ictericia.

ANTILEUCORREICO: Que se usa para tratar la leucorrea.

ANTILITICO: Que disuelve los cálculos.

ANTINEURALGICO: Se usa en el tratamiento del dolor que surge en el trayecto de un nervio.

ANTIPARASITARIO: Que expulsa o destruye parásitos.

ANALGESICO DENTAL: Que calma o elimina el dolor de diente.

ANTIOFIDICO: Que combate el veneno de cobras.

ANTISEPTICO: Que destruye los microbios.

ANTITERMICO: Que combate la fiebre.

ANTRAX: Infección de una glándula sebácea localizada en el tejido celular subcutáneo.

ANURIA: Supresión de orina.

APERITIVO: Que estimula el apetito.

ARTERIOSCLEROSIS: Endurecimiento de las paredes de las arterias.

ARTRITIS: Dolencia inflamatoria de las articulaciones.

ARTRITISMO: Predisposición de ciertos organismos a presentar afecciones articulares.

ASCITIS: Acumulación de líquido en la cavidad abdominal.

ATONIA: Disminución o ausencia de la tensión muscular.

ATROFIA MUSCULAR: Interrupción o disminución del desenvolvimiento de la musculatura.

AVITAMINOSIS: Afección producida por falta de vitaminas.

BALSAMICO: Aromático y reconfortante.

BEQUICO: Que combate la tos.

BLEFARITIS: Inflamación de los párpados (lagañas).

BLENORRAGIA: Infección purulenta de la uretra y vagina (lo mismo que gonorrea).

BOCIO: Tumor que se forma en la glándula tiroides, generalmente causado por deficiencia de yodo en la alimentación.

BRACTEA: Hojas de algunas plantas, generalmente de coloración viva, que cubre las flores.

BULBO: Parte subterránea de ciertas plantas, formada por escamas suculentas, y que es capaz de germinar.

CALCIFICANTE: Que suministra calcio y favorece su incorporación al organismo.

CARDIACO: Lo mismo que cardiotónico.

CARDIALGIA: Dolor agudo en el corazón.

CARDIOTONICO: Que fortalece al corazón.

CARMINATIVO: Que elimina los gases del tubo digestivo.

CEFALALGIA: Dolor de cabeza.

CEFALEA: Dolor crónico de cabeza.

CIATICA: Dolor agudo en el transcurso del nervio ciático.

CICATRIZANTE: Que cicatriza heridas.

CIRROSIS HEPATICA: Dolencia degenerativa del hígado, produce endurecimiento en su tejido.

CISTITIS: Inflamación de la vejiga urinaria.

CLOROSIS: Anemia, común en el sexo femenino, en adolescentes.

COLAGOGO: Que estimula la secreción de bilis.

COLECISTITIS: Inflamación de la vesícula biliar.

COLELITIASIS: Presencia de cálculos en las vías biliares.

COLERETICO: Que estimula la producción de bilis.

COLESTEROLEMIA: Ver hipercolesterolemia.

COLITIS: Inflamación del intestino grueso (del colon).

CONDROMA: Tumor formado por tejido cartilaginoso.

CONJUNTIVITIS: Inflamación de la mucosa ocular.

CONVALECENCIA: Estado entre el fin de una dolencia y recuperación de la salud.

COQUELUCHE: Dolencia propia de la infancia, caracterizada por accesos convulsivos de tos.

COREA: Dolencia neurológica, más común en la infancia, que se caracteriza por movimientos convulsivos frecuentes.

DEPURATIVO: Libra a la sangre de impurezas.

DERMATOSIS: Nombre genérico para dolencias de la piel.

DERMOPROTECTOR: Que protege la piel de agresiones externas.

DIABETES: Dolencia metabólica que se caracteriza por el aumento de azúcar en sangre y orina.

DIAFORETICO: Que provoca transpiración.

DIFTERIA: Dolencia infecto-contagiosa y tóxica, que se localiza comúnmente en la mucosa de la garganta y de la nariz.

DISENTERIA: Presencia de sangre y moco en las evacuaciones diarreicas.

DISFUNCION: Lo mismo que disturbio.

DISMENORREA: Menstruación difícil y dolorosa.

DISPEPSIA: Disturbio de las funciones digestivas.

DISURIA: Emisión dolorosa y difícil de orina.

DIURETICO: Favorece la producción y eliminación de orina.

ECZEMA: Dermatosis caracterizada por presentar inflamaciones, vesículas, exudación y costras.

EDEMA: Acumulación anormal de líquido en cualquier tejido u órgano.

ELEFANTIASIS: Edema irregular de partes del cuerpo, principalmente en las extremidades, causado por el estancamiento crónico de la linfa, que le confiere un aspecto de pierna de elefante.

EMENAGOGO: Que restaura el flujo menstrual cuando es ausente o escaso.

EMETICO: Que provoca vómitos.

EMOLIENTE: Desinflama los tejidos inflamados, alivia dolores.

EMPLASTO: Sustancia terapéutica que desinflama al calor, adherido al cuerpo.

ENDOCARDITIS: Inflamación de la capa más interna del corazón.

ENEMA: Inyección de medicamentos, alimentos o sustancias por el recto.

INFARTO: Muerte de un área de tejido orgánico, causada por la interrupción de circulación sanguínea, en virtud de la obstrucción de una arteria.

ENTERITIS: Inflamación aguda o crónica de la mucosa del intestino delgado.

ENTEROCOLITIS: Inflamación aguda o crónica de la mucosa de los intestinos delgado y grueso.

EPISTAXIS: Sangramiento por la nariz.

EQUIMOSIS: Mancha oscura provocada por hemorragia sobre la piel y mucosa.

ESCARLATINA: Dolencia infecciosa aguda, que se caracteriza por fiebre, rubor y descamación posterior de la piel.

ESCORBUTO: Dolencia provocada por falta de vitamina C.

ESPASMO: Contracción súbita e involuntaria de la musculatura.

ENTOMAQUICO: Que estimula y fortalece las funciones del estómago.

ESTOMATITIS: Inflamación de la mucosa de la boca.

ESTRANGURIA: Eliminación lenta y dolorosa de orina.

EUPEPTICO: Que facilita la digestión.

EXANTEMA: Erupción cutánea.

EXTRASISTOLIS: Contracción arrítmica de la musculatura del corazón.

FIEBRE INTERMITENTE: Ver Malaria.

FIEBRE TIFOIDEA: Dolencia infectocontagiosa grave, que afecta el intestino delgado.

FEBRIFUGO: Que combate la fiebre.

FLATULENCIA: Cúmulo de gases en el tubo digestivo.

GASTRALGIA: Dolor en el estómago.

GASTRITIS: Inflamación del estómago.

GASTROENTERITIS: Inflamación del estómago y de los intestinos.

GINGIVITIS: Inflamación de las gengivas.

GERMICIDA: Ver Antiséptico.

GLOSITIS: Inflamación de lengua.

GOTA: Inflamación de las articulaciones por el aumento de ácido úrico en la sangre.

HEMATURIA: Presencia de sangre en la orina.

HEMOFILIA: Dolencia por defecto en la coagulación sanguínea, que lleva a hemorragias espontáneas o traumáticas.

HEMOPTISIS: Emisión de sangre por la boca, proveniente de los pulmones.

HEMOPTOICO: Relativo a hemoptisis.

HEMOSTATICO: Que combate la hemorragia.

HEPATICO: Ver Hepatoprotector.

HEPATITIS: Inflamación del hígado.

HEPATOPROTECTOR: Que estimula y protege la función del hígado.

HERPES ZOSTER: Dolencia inflamatoria de la piel, se manifiesta en trayecto de un nervio, generalmente muy dolorosa.

HIDROPESIA: Acumulación anormal de líquido en el tejido celular o en una cavidad del cuerpo.

HIPERACIDEZ GASTRICA: Exceso de ácido clorhídrico en el estómago.

HIPERCLORIDRIA: Lo mismo que hiperacidez gástrica.

HIPERCOLESTEROLEMIA: Aumento de colesterol en la sangre.

HIPERTROFIA: Desenvolvimiento exagerado de un órgano o de parte del organismo.

HIPERTROFIADO: Relativo a hipertrofia.

HIPOCLORIDRIA: Disminución del ácido clorhídrico en el estómago.

HIPOCONDRIA: Estado psíquico caracterizado por depresión y preocupación obsesiva por la salud.

HIPOGLUCEMIANTE: Que disminuye la cantidad de glucosa en la sangre.

HIPOPROTEINEMIA: Disminución del tenor de proteínas en la sangre.

HIPOTIROIDISMO: Dolencia producida por la disminución de la función de la glándula tiroides.

HIPOTONIA: Disminución de la tensión muscular.

HIPOTROFIA: Desenvolvimiento disminuido de un órgano o de parte del organismo, generalmente causado por desnutrición.

ICTERICIA: Disturbio orgánico caracterizado por el aumento de bilirrubina en la sangre y su consiguiente deposición en la piel y mucosas, confiriéndoles un color verde amarillento.

INAPETENCIA: Falta de apetito.

INCONTINENCIA URINARIA: Emisión involuntaria de orina.

INTESTINAL: Que favorece las funciones intestinales.

LACTIGENO: Que aumenta o produce leche.

LAXANTE: Que promueve la eliminación de las heces.

LEUCORREA: Flujo blanco vaginal o uterino.

LINFATISMO: Tendencia a infecciones repetidas del tejido linfático y a su crecimiento anormal.

LIPOMA: Tumor de tejido grasoso.

LITIASIS: Formación de cálculos en las vías biliares o urinarias.

MALARIA: Dolencia infecciosa transmitida por la picadura de un mosquito (anofelino) y caracterizada por accesos periódicos de escalofrío y fiebre.

METABOLISMO: Conjunto de reacciones por las que se asimilan o no, todas las sustancias necesarias al organismo.

METEORISMO: Ver Flatulencia.

METRITIS: Inflamación del útero.

METRORRAGIA: Hemorragia uterina.

MICOSIS: Infección causada por hongos.

MINERALIZANTE: Favorece la absorción e incorporación de sustancias minerales por el organismo.

MIOTONICO: Que tonifica y fortalece la musculatura.

MUCILAGO: Sustancia viscosa producida por vegetales.

MUCILAGINOSA: Que contiene mucílago.

NEFRITIS: Inflamación de los riñones.

NEFROLITIASIS: Formación de cálculos en los riñones.

NEURITIS: Inflamación de un nervio.

NEUROMA: Tumor formado en el tejido nervioso.

NEUROTONICO: Que nutre y fortalece los nervios.

NEURALGIA: Dolor en el trayecto de un nervio.

NUTRIENTE: Alimenticio, nutritivo.

ODONTALGIA: Dolor de diente.

OLIGURIA: Disminución de la cantidad de orina eliminada.

ORQUITIS: Inflamación de los testículos.

OFTALMICO: Que se usa en el tratamiento de las afecciones del ojo.

OSTEOMA: Tumor del tejido óseo.

OSTEOMALACIA: Dolencia caracterizada por descalcificación ósea.

OTALGIA: Dolor de oído.

OTITIS: Infección del oído.

OVARITIS: Infección del ovario.

PANADIZO: Inflamación purulenta de los dedos, en las partes que circundan a las uñas.

PARASITOSIS: Infección por parásitos.

PAROTIDITIS EPIDEMICA: Inflamación de la glándula parótida (lo mismo que paperas).

PECTORAL: Es útil en las dolencias pulmonares.

PELAGRA: Dolencia causada por falta de niacina, una vitamina del complejo B.

PERICARDITIS: Inflamación de la membrana que envuelve externamente el corazón.

PIELITIS: Inflamación de los cálices renales.

PIELONEFRITIS: Inflamación general de los riñones, incluido los cálices renales.

PIORREA: Afección crónica y supurativa de los alvéolos dentarios.

PIROSIS: Ver Hiperacidez gástrica.

PLEURESIA: Inflamación de la pleura, membrana que reviste los pulmones.

POLINEURITIS: Inflamación que acomete varios nervios.

POLIPO: Tumor pediculado de la mucosa.

POLIURIA: Aumento exagerado de eliminación de orina.

PROSTATITIS: Inflamación de la próstata.

PRURITO: Picazón, comezón.

PURGATIVO: Laxante enérgico.

RAQUITISMO: Dolencia causada por disturbios en el metabolismo de calcio y de fósforo, caracterizada principalmente por deformaciones en el esqueleto.

RECONSTITUYENTE: Que favorece la recuperación de la salud en personas debilitadas.

RENAL: Estimulante general de las funciones renales.

RESOLUTIVO: Que facilita la recuperación de inflamaciones y tumefacciones.

RECTITIS: Inflamación del recto.

REUMATISMO: Afección aguda o crónica que provoca inflamaciones dolorosas en los músculos y articulaciones.

REVULSIVO: Que puede provocar el dislocamiento de una inflamación de uno a otro punto del organismo.

RINITIS: Inflamación de la mucosa nasal.

RIZOMA: Tallo subterráneo de algunas plantas.

SIALOGOGO: Capaz de provocar la salivación.

SINAPISMO: Cataplasma con acción revulsiva.

SUDORIFICO: Lo mismo que Diaforético.

SORIASIS: Afección crónica de la piel, caracterizada por placas escamosas que se desprenden por fricción.

TAQUICARDIA: Pulsación anormal más rápida del corazón.

TENIASIS: Parasitosis producida por la tenia.

TENIFUGO: Indicado para expulsar la tenia (solitaria).

TIFUS: Ver Fiebre tifoidea.

TIÑA: Infección de la piel, causada por hongos.

TONICO: Revigoriza y estimula el organismo debilitado.

TRAQUEITIS: Inflamación de la tráquea.

TRAQUEOBRONQUITIS: Inflamación de la tráquea y bronquios.

UREMIA: Intoxicación causada por una depuración insuficiente del riñón.

URETRITIS: Inflamación de la uretra.

URTICARIA: Erupción cutánea que presenta prurito intenso.

VAGINITIS: Inflamación de la vagina.

VITAMINIZANTE: Provee vitaminas y favorece su incorporación al organismo.

VITILIGO: Afección de la piel caracterizada por áreas de despigmentación cercadas por zonas más pigmentadas.

XEROFTALMIA: Afección de los ojos causada por falta de vitamina A.

Séptima Parte

RELACION DE PROPIEDADES TERAPEUTICAS Y PLANTAS CORRESPONDIENTES

RELACION DE PLANTAS INDICADAS EN CASOS ESPECIFICOS

RELACION DE PROPIEDADES TERAPEUTICAS Y PLANTAS CORRESPONDIENTES

Alcalinizante
Apio, Berenjena, Cebolla, Espinaca, Nabo, Pepino, Repollo, Tomate, Zanahoria, Caqui, Cereza, Ciruela, Limón, Manzana, Melón, Naranja, Uva, Cebada, Diente de León, Poroto, Brotes de Cebada.

Amarga
Carqueja, Contra yerba, Marcela, Mil hombres.

Anabolizante
Arroz, Avena.

Analgésica
Menta-peperina, Lechuga, Papa, Caléndula.

Antiácida
Coliflor, Papa, Almendra, Lima.

Antialérgica
Rábano.

Antiálgica
Calabaza, Cebolla, Jengibre, Papa, Repollo, Aceituna, Almendra, Damasco, Lima, Manzana, Membrillo, Eucalipto, Marcela, Poroto.

Antianémica
Alcaucil, Apio, Batata, Espinaca, Remolacha, Zanahoria, Almendras, Banana, Cereza, Damasco, Frutilla, Limón, Nuez, Piña, Uva, Lenteja, Trigo, Brotes de Calabaza, Brotes de Berro, Brotes de Lenteja.

Antiartrítica
Ver Antirreumática.

Antiasmática
Alcaucil, Apio, Aceituna, Almendra, Banana, Acacia, Carqueja, Eucalipto, Pareira braba.

Antibiótica
Cebolla.

Anticoagulante
Cebolla.

Antidiabética
Alcaucil, Nuez, Ambay, Berro, Cambá, Carqueja, Romero, Avena, Brotes de Soja.

Antidiarreica
Albahaca, Carqueja, Contra yerba, Marcela, Yerba carnicera, Arroz, Lenteja.

Antidisentérica
Ver Antidiarreica.

Antiemética
Acelga, Espárrago, Caqui, Limón, Membrillo, Albahaca, Brotes de Calabaza.

Antiepiléptica
Ajenjo.

Antiesclerosante
Alcaucil, Espinaca, Cereza, Mandarina, Avena, Brotes de Soja.

Antiescorbútica
Papa, Berro, Verdolaga, Cebada.

Antiescrofulosa
Nabo.

Antiespasmódica
Acelga, Menta-peperina, Zanahoria, Albahaca, Pepino, Pimiento, Almendra, Manzana, Membrillo, Naranja, Nuez, Piña, Ajenjo, Azafrán, Caléndula, Manzanilla, Suico.

Antifebril
Ver Antitérmica

Antihelmíntica
Ver Vermífuga.

Antihemorrágica
Acelga, Calabaza, Cebolla, Jengibre, Dátil, Grosella negra, Grosella roja, Mamón, Durazno, Membrillo, Níspero, Diente de León, Milenramas.

Antihemorroidal
Lechuga, Llantén, Paico, Yerba carnicera.

Antiinflamatoria
Aceituna, Almendra, Banana, Cajú, Ciruela, Coco, Damasco, Dátil, Frambuesa, Granada, Grosella negra, Grosella roja, Higo, Mamón, Mango, Manzana, Membrillo, Mora, Naranja, Níspero, Palta, Pasionaria, Pera, Sandía, Aloe, Berro, Consuelda, Diente de León, Pimienta, Centeno, Lenteja, Brotes de Alfalfa, Brotes de Centeno, Brotes de Lenteja, Brotes de semillas de Lino, Brotes de Sésamo, Brotes de Rúcula.

Antilítica
Aceituna, Almendra, Ananá, Cereza, Frutilla, Mandarina, Manzana, Melón, Nabo, Pera, Rabanito, Rábano, Remolacha, Uva, Azafrán, Pareira braba, Maíz.

Antineurálgica
Menta-peperina, Girasol.

Antiofídica
Contra yerba, Mil hombres.

Antioftálmica.
Cerrajas.

Antiparasitaria
Ajo, Calabaza, Cebolla, Escarola, Menta-peperina, Rabanito, Zanahoria, Aceituna, Almendra, Ananá, Cajú, Coco, Durazno, Granada, Higo, Mandarina, Mamón, Mora, Pasionaria, Ajenjo, Berro, Carqueja, Paico, Suico, Verdolaga, Yerba carnicera, Brotes de Calabaza.

Antirreumática
Cebolla, Jengibre, Mandioca, Mostaza, Pepino, Boldo, Cascarilla, Consuelda, Eucalipto, Helecho, Romero, Suico, Brotes de Alfalfa, Brotes de Sésamo.

Antiséptica
Ajo, Mandioca, Menta-peperina, Tomate, Zanahoria, Ananá, Banana, Mora, Limón, Aloe, Caléndula, Eucalipto, Mil hombres, Pimienta, Maíz, Brotes de Mostaza.

Antisifilítica
Bolsa de Pastor, Cascarilla, Siete sangrías.

Antitérmica
Acelga, Ajo, Apio, Cebolla, Escarola, Perejil, Remolacha, Caqui, Granada, Grosella negra, Grosella roja, Lima, Limón, Mora, Sandía, Ajenjo, Albahaca, Carqueja, Contra yerba, Dulcamara, Eucalipto, Girasol, Llantén, Mil hombres, Pareira braba, Siete sangrías.

Antituberculínica
Banana.

Antitusígena
Ajo, Albahaca, Cebolla, Jengibre, Lechuga, Nabo, Papa, Rabanito, Remolacha, Zanahoria, Cereza, Dátil, Durazno, Coco, Grosella negra, Mamón, Manzanilla, Ambay, Menta, Helecho, Selva meona, Suico.

Aperitiva
Apio, Cebolla, Escarola, Espárrago, Espinaca, Perejil, Rabanito, Rábano, Zanahoria, Aceituna, Coco, Limón, Manzanilla, Naranja, Piña, Uva, Carqueja, Diente de León, Marcela, Mil hombres, Salsaparrilla, Suico, Brotes de Berro.

Aromática
Contra yerba, Paico.

Astringente
Escarola, Aceituna, Cereza, Frambuesa, Frutilla, Granada, Guayaba, Limón, Mango, Manzana, Membrillo, Mora, Níspero, Nuez, Pasionaria, Uva, Acacia, Ambay, Berro, Cerrajas, Consuelda, Eucalipto, Llantén, Marcela, Mil en Ramas.

Balsámica
Eucalipto, Menta, Romero.

Béquica
Ver Antitusígena.

Calcificante
Brócoli.

Calmante
Berenjena, Brócoli, Calabaza, Cebolla, Lechuga, Menta-peperina, Rabanito, Remolacha, Coco, Durazno, Manzana, Melón, Naranja, Pasionaria, Uva, Azafrán, Boldo, Eucalipto, Manzanilla, Romero, Paico, Avena, Soja.

Cardíaca
Ver Cardiotónica.

Cardiotónica
Alcaucil, Espárrago, Jengibre, Menta-peperina, Perejil, Palta, Sandía, Azafrán, Ajenjo, Albahaca, Boldo, Menta, Mil en Ramas, Paico.

Cicatrizante
Acelga, Berenjena, Calabaza, Espinaca, Papa, Repollo, Tomate, Almendra, Banana, Durazno, Frutilla, Manzana, Membrillo, Aloe, Berro, Caléndula, Consuelda, Eucalipto, Girasol, Llantén, Mil en Ramas, Verdolaga, Yerba carnicera, Maíz, Brotes de Avena, Brotes de semilla de Lino, Brotes de Sésamo.

Colagoga
Achicoria amarga, Alcaucil, Rábano, Zanahoria, Aceituna, Durazno, Mamón, Naranja, Uva, Boldo, Berro, Diente de León, Pareira braba, Maíz.

Colerética
Boldo.

Depurativa
Ajo, Cebolla, Lechuga, Remolacha, Tomate, Zanahoria, Aceituna, Cajú, Cereza, Ciruela, Grosella roja, Higo, Mango, Manzana, Membrillo, Mora, Naranja, Pasionaria, Pera, Uva, Ajenjo, Bardana, Berro, Bolsa de Pastor, Cambá, Carqueja, Cascarilla, Cerrajas, Diente de León, Helecho, Llantén, Salsaparrilla, Siete sangrías, Arroz, Cebada, Brotes de Berro, Brotes de Mostaza, Brotes de Rúcula.

Dermoprotectora
Panizo, Trigo.

Descongestionante
Llantén.

Desinfectante
Ver Antiséptica.

Desintoxicante
Ver Depurativa.

Desobstruyente
Cerrajas.

Diaforética
Ver Sudorífica.

Digestiva
Ver Eupéptica.

Diurética
Acelga, Albahaca, Alcaucil, Ajo, Apio, Berenjena, Brócoli, Calabaza, Cebolla, Escarola, Espárrago, Lechuga, Nabo, Pepino, Perejil, Rabanito, Rábano, Remolacha, Zanahoria, Ananá, Banana, Cajú, Cereza, Coco, Ciruela, Dátil, Durazno, Frambuesa, Frutilla, Grosella roja, Higo, Lima, Limón, Mango, Mamón, Melón, Mora, Naranja, Palta, Pera, Sandía, Uva, Albahaca, Ambay, Azafrán, Bardana, Berro, Cambá, Carqueja, Cascarilla, Contra yerba, Diente de León, Dulcamara, Helecho, Milenrama, Mil hombres, Pareira braba, Salsaparrilla, Zarzaparrilla, Selva meona, Siete sangrías, Verdolaga, Yerba carnicera, Arroz, Avena, Cebada, Garbanzo, Maíz, Panizo, Brotes de Garbanzos, Brotes de Mostaza, Brotes de Panizo, Brotes de Rúcula.

Emenagoga
Apio, Albahaca, Escarola, Espárrago, Perejil, Zanahoria, Mamón, Ajenjo, Caléndula, Contra yerba, Marcela, Menta, Mil en Ramas, Mil hombres, Paico, Suico, Garbanzo, Brotes de Garbanzos.

Emoliente
Acelga, Ajo, Batata, Berenjena, Brócoli, Cebolla, Espinaca, Lechuga, Nabo, Papa, Pepino, Repollo, Tomate, Dátil, Mamón, Melón, Membrillo, Aloe, Cascarilla, Dulcamara, Helecho, Llantén, Manzanilla, Arroz, Cebada, Centeno.

Energética
Mandioca, Castaña del Para, Pino, Arroz, Arveja, Avena, Centeno, Cebada, Garbanzo, Lenteja, Soja, Brotes de Arvejas, Brotes de Avena, Brotes de Aduki, Brotes de Garbanzo, Brotes de Lenteja, Brotes de Soja.

Estomacal
Albahaca, Menta-peperina, Mostaza, Ananá, Grosella negra, Ajenjo, Albahaca, Bardana, Boldo, Carqueja, Cerrajas, Contra yerba, Eucalipto, Girasol, Manzanilla, Marcela, Menta, Mil en Ramas, Mil hombres, Pareira braba.

Eupéptica
Achicoria, Alcaucil, Berenjena, Escarola, Espinaca, Jengibre, Lechuga, Papa, Perejil, Pimiento, Rabanito, Rábano, Mostaza, Aceituna, Ananá, Cajú, Caqui, Dátil, Frutilla, Guayaba, Granada, Grosella negra, Higo, Manzana, Mamón, Naranja, Sandía, Uva, Azafrán, Berro, Boldo, Carqueja, Manzanilla, Menta, Milenrama, Mostaza, Pareira braba, Romero, Avena, Panizo.

Expectorante
Apio, Jengibre, Menta-peperina, Perejil, Berro, Cajú, Mango, Ambay, Eucalipto, Menta, Milenrama, Llantén, Avena, Cebada.

Febrífuga
Ver Antitérmica.

Galactagoga
Ver Lactígena.

Hemostática
Ver Antihemorrágica.

Hepática
Boldo, Carqueja, Diente de León, Dulcamara, Milenrama, Brotes de Calabaza.

Hepatoprotectora
Brotes de Calabaza.

Hipoglucemiante
Mora, Poroto negro.

Hipotensora
Aceituna, Ajo, Espinaca, Pepino, Durazno, Pera, Sandía, Arroz.

Intestinal
Panizo.

Lactígena
Menta-peperina, Zanahoria, Castaña del Para, Dátil, Verdolaga, Avena, Brotes de Cebada.

Laxante
Acelga, Ajo, Berenjena, Brócoli, Calabaza, Cebolla, Coliflor, Escarola, Espárrago, Espinaca, Lechuga, Nabo, Pepino, Rábano, Remolacha, Tomate, Zanahoria, Aceituna, Ananá, Caqui, Cereza, Ciruela, Durazno, Frambuesa, Grosella roja, Higo, Mamón, Melón, Mora, Naranja, Nuez, Palta, Pera, Sandía, Uva, Brotes de Avena, Brotes de Lino, Brotes de Rúcula, Contra yerba, Llantén, Selva meona, Suico, Verdolaga.

Mineralizante
Banana, Batata, Berenjena, Cebolla, Coliflor, Escarola, Espinaca, Lechuga, Nabo, Pepino, Rabanito, Tomate, Castaña del Para, Cereza, Coco, Granada, Mandarina, Melón, Uva, Arveja, Garbanzo, Lenteja, Soja, Brotes de Alfalfa, Brotes de Almendra, Brotes de Calabaza.

Miotónica
Salsaparrilla, Brotes de Alfalfa.

Neurotónica
Remolacha, Zanahoria, Ciruela, Frutilla, Mandarina, Nuez, Lenteja, Trigo, Brotes de Berro, Brotes de Lenteja, Brotes de Trigo.

Nutriente
Mandioca, Aceituna, Castaña del Para, Ciruela, Coco, Damasco, Dátil, Durazno, Mamón, Mango, Membrillo, Nuez, Pera, Piña, Uva, Arroz, Avena, Cebada, Centeno, Arveja, Garbanzo, Lenteja, Maíz, Poroto, Panizo, Soja, Trigo, Brotes de Alfalfa, Brotes de Arvejas,

Brotes de Aduki, Brotes de Calabaza, Brotes de Garbanzo, Brotes de Sésamo, Brotes de Trigo Sarraceno.

Pectoral
Albahaca.

Purgativa
Ver Laxante.

Reconstituyente
Trigo.

Renal
Cambá.

Resolutiva
Aceitunas, Aloe, Caléndula, Cascarilla, Dulcamara, Garbanzo.

Revulsiva
Jengibre, Mostaza.

Sedante
Ver Calmante.

Sialagoga
Jengibre.

Sudorífica
Albahaca, Bardana, Carqueja, Cascarilla, Contra yerba, Eucalipto, Manzanilla, Menta, Mil hombres, Pareira barba, Paico, Romero, Salsaparrilla, Siete sangrías.

Tenífuga
Melón, Brotes de Calabaza.

Tónica
Albahaca, Apio, Jengibre, Menta-peperina, Mostaza, Pepino, Pino, Ajenjo, Albahaca, Boldo, Caléndula, Cambá, Cascarilla, Carqueja,

Cerrajas, Contra yerba, Girasol, Llantén, Manzanilla, Menta, Milenrama, Mil hombres, Paico, Parera braba, Romero, Verdolaga, Arveja, Cebada, Garbanzo, Maíz, Soja, Brotes de Almendra, Brotes de Arvejas, Brotes de Aduki, Brotes de Berro, Brotes de Garbanzo, Brotes de Mostaza, Brotes de Rúcula, Brotes de Soja, Brotes de Trigo Sarraceno.

Vesicatoria
Mostaza.

Vitaminizante
Achicoria amarga, Batata, Brócoli, Coliflor, Escarola, Espinaca, Jengibre, Lechuga, Nabo, Papa, Perejil, Pimiento, Repollo, Tomate, Ananá, Banana, Cajú, Caqui, Castaña del Pará, Frambuesa, Guayaba, Grosella, Lima, Limón, Mandarina, Mango, Naranja, Palta, Uva, Arveja, Avena, Garbanzo, Lenteja, Soja, Trigo, Brotes de Alfalfa, Brotes de Lino, Brotes de Trigo.

RELACION DE PLANTAS INDICADAS EN CASOS ESPECIFICOS

Abscesos
Batata, Berenjena, Cebolla, Espinaca, Mandioca, Papa, Repollo, Tomate, Aceituna, Grosella, Berro, Bolsa de Pastor, Dulcamara, Milenrama, Arroz, Centeno, Garbanzo, Brotes de Avena, Brotes de Rúcula.

Acido úrico
Zarzaparrilla.

Acidosis
Lechuga, Caqui, Melón, Poroto, Brotes de Cebada.

Acné
Caléndula, Maíz.

Adenitis
Acelga, Cascarilla.

Afecciones biliares
Achicoria amarga, Ajenjo, Bardana, Carqueja, Diente de León, Durazno, Maíz.

Afecciones cardíacas
Cebolla, Remolacha, Ambay, Bardana, Girasol, Trigo, Brotes de Berro, Brotes de Trigo.

Afecciones circulatorias
Papa, Azafrán, Paico, Trigo, Brotes de Trigo.

Afecciones de la piel
Ver Dermatosis.

Afecciones de las vías respiratorias
Albahaca, Menta-peperina, Aceituna, Coco, Albahaca, Azafrán, Am-

bay, Consuelda, Eucalipto, Llantén, Menta, Mil en Ramas, Paico, Brotes de Mostaza.

Afecciones de las vías urinarias
Albahaca, Mostaza, Cereza, Frambuesa, Granada, Azafrán, Bardana, Cambá, Carqueja, Cascarilla, Dulcamara, Mil en Ramas, Pareira braba, Salsaparrilla, Selva meona, Verdolaga, Zarzaparrilla, Cebada, Brotes de Arroz, Brotes de Mostaza, Brotes de Rúcula.

Afecciones endócrinas
Remolacha.

Afecciones escorbúticas
Ver Escorbuto.

Afecciones del bazo
Carqueja.

Afecciones febriles
Acelga, Apio, Cebolla, Aceituna, Cereza, Granada, Grosella roja, Lima, Limón, Mandarina, Mango, Manzana, Membrillo, Mora, Sandía, Albahaca, Carqueja, Contra yerba, Dulcamara, Eucalipto, Girasol, Pareira braba, Zarzaparrilla, Siete sangrías.

Afecciones gástricas
Escarola, Espinaca, Albahaca, Ajenjo, Bardana, Carqueja, Girasol, Manzanilla, Marcela, Menta, Mil hombres, Panizo, Brotes de Panizo.

Afecciones hepáticas
Achicoria amarga, Berenjena, Escarola, Espinaca, Zanahoria, Banana, Durazno, Grosella negra, Limón, Mora, Palta, Uva, Ajenjo, Bardana, Boldo, Carqueja, Diente de León, Dulcamara, Milenrama, Maíz, Brotes de Calabaza, Brotes de Mostaza.

Afecciones intestinales
Espinaca, Albahaca, Carqueja, Menta, Romero, Panizo, Brotes de Lenteja, Brotes de Mostaza, Brotes de Panizo.

Afecciones nerviosas
Caléndula, Manzanilla, Paico, Brotes de Lenteja, Brotes de Poroto Moyashi, Brotes de Trigo.

Afecciones oculares
Cerrajas.

Afecciones óseas
Mora, Diente de León, Brotes de Alfalfa.

Afecciones ováricas
Escarola.

Afecciones pulmonares
Ver Afecciones de las vías respiratorias.

Afecciones renales
Albahaca, Mostaza, Almendra, Durazno, Frutilla, Grosella negra, Lima, Mango, Mora, Palta, Sandía, Azafrán, Bardana, Cambá, Diente de León, Dulcamara, Milenrama, Pareira braba, Romero, Selva meona, Avena, Cebada, Maíz, Panizo, Brotes de Aduki, Brotes de Mostaza, Brotes de Panizo.

Afecciones uterinas
Contra yerba.

Afecciones de la vesícula
Mostaza, Frambuesa, Durazno, Granada, Bardana, Cambá, Diente de León, Dulcamara, Eucalipto, Mil en Ramas, Selva meona, Verdolaga, Zarzaparrilla, Panizo, Brotes de Panizo.

Aftas
Albahaca, Mora, Manzanilla, Carqueja, Pimienta.
Alcoholismo
Repollo.

Alergias
Rábano.

Amenorrea
Escarola, Espárrago, Espinaca, Zanahoria, Palta, Ajenjo, Berro, Contra yerba, Mil hombres.

Amigdalitis
Albahaca, Jengibre, Pepino, Rábano, Tomate, Aceituna, Ananá, Damasco, Granada, Grosella negra, Higo, Manzana, Mora, Níspero, Palta, Carqueja, Llantén, Pimienta.

Anasarca
Perejil.

Anemias
Alcaucil, Apio, Batata, Brócoli, Espinaca, Remolacha, Repollo, Tomate, Ananá, Almendra, Castaña del Pará, Cereza, Damasco, Dátil, Durazno, Frutilla, Limón, Mango, Naranja, Nuez, Piña, Pino, Uva, Ajenjo, Consuelda, Diente de León, Mil hombres, Lenteja, Trigo, Brotes de Calabaza, Brotes de Berro, Brotes de Lenteja, Brotes de Trigo.

Angustia
Lechuga.

Ansiedad
Brócoli, Lechuga, Dátil, Naranja, Pasionaria, Ajenjo, Girasol, Avena.

Antrax
Papa, Aceituna.

Anuria
Zanahoria, Ambay, Salsaparrilla, Yerba carnicera, Maíz.
(Ver Afecciones renales y de las vías urinarias.)

Arteriosclerosis
Alcaucil, Lechuga, Ananá, Cereza, Ciruela, Mandarina, Uva, Siete sangrías, Avena, Brotes de Soja.

Artritis
Berenjena, Cebolla, Espinaca, Jengibre, Lechuga, Mandioca, Papa, Rabanito, Remolacha, Tomate, Aceituna, Ananá, Ciruela, Coco, Dátil, Frutilla, Grosella negra, Limón, Melón, Mora, Naranja, Nuez, Caléndula, Helecho, Salsaparrilla, Zarzaparrilla, Brotes de Alfalfa.
(Ver Reumatismo.)

Asma
Alcaucil, Apio, Jengibre, Zanahoria, Aceituna, Grosella, Limón, Mango, Mamón, Manzana, Acacia, Ambay, Azafrán, Carqueja, Eucalipto, Pareira braba, Romero.
(Ver Bronquitis asmática y Afecciones de las vías respiratorias.)

Atonía digestiva
Menta-peperina, Mostaza, Azafrán, Contra yerba.

Atonía gástrica
Albahaca, Perejil, Ajenjo, Cerrajas, Contra yerba, Eucalipto, Milenrama.

Atonía intestinal
Albahaca, Escarola, Azafrán.

Avitaminosis
Achicoria amarga, Batata, Brócoli, Cebolla, Nabo, Pimiento, Tomate, Cajú, Castaña del Pará, Datil, Frambuesa, Guayaba, Grosella roja, Lima, Mandarina, Mango, Avena, Brotes de Alfalfa, Brotes de Poroto Mung (Moyashi), Brotes de Soja, Brotes de Trigo.

Blefaritis
Manzana.

Blenorragia
Bardana, Salsaparrilla, Siete sangrías.
(Ver Enfermedades venéreas.)

Bocio
Lechuga, Espinaca.

Bronquitis
Ajo, Albahaca, Apio, Escarola, Jengibre, Lechuga, Nabo, Rabanito, Zanahoria, Almendra, Ananá, Cereza, Coco, Dátil, Frutilla, Grosella negra, Mamón, Manzana, Mango, Mora, Nuez, Palta, Sandía, Uva, Acacia, Ambay, Azafrán, Berro, Carqueja, Eucalipto, Llantén, Menta, Paico, Romero, Suico, Avena, Cebada, Brotes de Cebada.
(Ver Afecciones de las vías respiratorias.)

Bronquitis asmática
Apio, Alcaucil, Coco, Jengibre, Grosella negra, Mango, Acacia, Carqueja.
(Ver Asma.)

Calcificación deficiente
Brócoli, Coliflor, Nabo.

Cálculos biliares
Ver Colelitiasis.

Cálculos renales
Ver Nefrolitiasis.

Cálculos vesiculares
Ver Litiasis vesiculares.

Callosidad
Cajú, Caléndula.

Cansancio físico
Brotes de Trigo.

Cardialgia
Girasol.

Caries dentaria
Diente de León.

Cefalalgia
Dulcamara.

Cefalea
Papa, Repollo, Palta, Consuelda, Dulcamara, Girasol, Marcela.

Ciática
Eucalipto, Poroto.

Cirrosis hepática
Melón.
(Ver Afecciones hepáticas.)

Cistitis
Ajo, Berenjena, Papa, Pepino, Perejil, Cereza, Coco, Dátil, Limón, Manzana, Melón, Pera, Sandía, Uva, Bardana, Cascarilla, Contra yerba, Eucalipto, Maíz.
(Ver Afecciones vesiculares.)

Clorosis
Ver Anemia.

Colecistitis
Acelga, Alcaucil.
(Ver Afecciones hepáticas y Afecciones biliares.)

Colelitiasis
Cebolla, Lechuga, Menta-peperina, Rabanito, Rábano, Frutilla, Higo, Limón, Mandarina, Manzana, Melón, Uva, Azafrán, Boldo, Carqueja, Verdolaga.

Colesterolemia
Berenjena, Siete sangrías.

Cólico abdominal
Albahaca, Cebolla, Jengibre, Lechuga, Menta-peperina, Pepino, Pimiento, Rábano, Frambuesa, Granada, Manzana, Membrillo, Piña, Ajenjo, Manzanilla, Suico.
(Ver Afecciones intestinales.)

Cólico Hepático
Acelga, Menta-peperina, Pepino, Mandarina, Membrillo, Nuez, Piña, Boldo.
(Ver Afecciones hepáticas.)

Cólico Renal
Acelga, Menta-peperina, Pepino, Zanahoria, Aceituna, Manzana, Membrillo, Nuez, Bardana.
(Ver Afecciones renales.)

Cólicos uterinos
Menta-peperina.
(Ver Cólicos abdominales y Dismenorrea.)

Colitis
Acelga, Apio, Brócoli, Calabaza, Papa, Aceituna, Banana, Melón, Brotes de Rúcula.

Condromas
Mandarina.

Congestión cerebral
Aceituna.

Congestión Hepática
Boldo.
(Ver Afecciones hepáticas.)

Congestión Pulmonar
Mostaza.
(Ver Afecciones de las vías respiratorias.)

Conjuntivitis
Escarola, Perejil, Frambuesa, Mandarina, Nuez, Aloe, Caléndula, Manzanilla, Verdolaga.

Contusión
Acelga, Apio, Bardana, Eucalipto, Girasol, Mango, Milenrama, Paico.

Convalecencia
Batata, Caqui, Castaña del Pará, Damasco, Espinaca, Guayaba, Mandarina, Mandioca, Mango, Pera, Pino, Arvejas, Avena, Centeno, Lenteja, Soja, Trigo, Brotes de Soja.

Convulsiones
Batata. Mil hombres.

Debilidad Cardíaca
Alcaucil, Ambay, Bardana, Romero, Brotes de Berro.
(Ver Afecciones cardíacas.)

Debilidad Estomacal
Milenrama, Romero, Brotes de Avena.
(Ver Afecciones gástricas.)

Debilidad Nerviosa
Albahaca, Menta, Cerrajas, Brotes de Berro, Brotes de Poroto Mung (Moyashi), Brotes de Lenteja, Brotes de Trigo.
(Ver Afecciones nerviosas.)

Debilidad Orgánica
Mostaza, Nuez, Pino, Boldo, Girasol, Menta, Brotes de Berro, Brotes de Alfalfa, Brotes de Rúcula.

Deficiencia Mineral
Nabo, Avena, Brotes de Alfalfa, Brotes de Almendras, Brotes de Panizo.

Dermatosis
Alcaucil, Cebolla, Lechuga, Nabo, Remolacha, Grosella negra, Limón, Palta, Pasionaria, Aloe, Bardana, Bolsa del Pastor, Caléndula, Cascarilla, Consuelda, Contra yerba, Dulcamara, Manzanilla, Zarzaparrilla, Milenrama, Salsaparrilla, Llantén, Siete Sangrías, Arroz, Cebada, Panizo, Soja, Trigo, Brotes de Avena, Brotes de Centeno, Brotes de Panizo, Brotes de Soja.

Desnutrición
Mandioca, Castaña del Pará, Coco, Damasco, Dátil, Mandarina, Mamón, Mango, Nuez, Pino, Uva, Arvejas, Avena, Cebada, Centeno, Garbanzo, Lenteja, Maíz, Panizo, Poroto, Soja, Trigo, Brotes de Calabaza.

Diabetes
Ajo, Alcaucil, Berenjena, Cebolla, Lechuga, Almendra, Cajú, Durazno, Limón, Manzana, Mora, Nuez, Mamón, Ambay, Cambá, Carqueja, Consuelda, Diente de León, Eucalipto, Romero, Maíz, Poroto, Brotes de Centeno, Brotes de Soja.

Diarrea
Acelga, Albahaca, Papa, Aceituna, Almendra, Banana, Dátil, Frambuesa, Frutilla, Higo, Guayaba, Granada, Membrillo, Níspero, Nuez, Palta, Ajenjo, Cerrajas, Contra yerba, Eucalipto, Llantén, Marcela, Yerba carnicera, Arroz.

Difteria
Ajo, Cebolla, Ananá, Manzana.

Disentería
Acelga, Banana, Coco, Frambuesa, Granada, Higo, Manzana, Membrillo, Nuez, Palta, Uva, Cerrajas, Contra yerba, Eucalipto, Marcela.

Disfunciones
Ver Afecciones.

Disfunciones Cardíacas
Alcaucil.

Dismenorrea
Albahaca, Apio, Menta-peperina, Nabo, Durazno, Melón, Ajenjo, Berro, Contra yerba, Garbanzo, Marcela, Menta, Romero, Suico, Verdolaga, Brotes de Garbanzo.

Dispepsias
Achicoria amarga, Berenjena, Jengibre, Rábano, Rabanito, Aceituna, Banana, Caqui, Frutilla, Granada, Grosella negra, Mamón, Mango, Manzana, Nuez, Palta, Sandía, Uva, Albahaca, Bardana, Boldo, Carqueja, Manzanilla, Marcela, Menta, Mil hombres, Mil en Ramas, Paico, Salsaparrilla, Cebada, Brotes de Cebada.

Disturbios Circulatorios
Ver Afecciones circulatorias.

Disturbios Digestivos
Ver Dispepsias.

Disturbios Gástricos
Ver Afecciones gástricas.

Disturbios Hepáticos
Ver Afecciones hepáticas.

Disturbios Intestinales
Ver Afecciones intestinales.

Disturbios Menstruales
Ver Dismenorrea.

Disturbios Neurovegetativos
Menta-peperina.
(Ver Afecciones nerviosas.)

Disturbios Sexuales
Lechuga.

Disuria
Espárragos, Albahaca, Salsaparrilla.
(Ver Afecciones de las vías urinarias.)

Dolencias Crónicas
Bolsa de Pastor, Consuelda, Llantén.

Dolor de Cabeza
Ver Cefalea.

Dolor de Diente
Ver Odontalgia.

Dolores Musculares
Menta-peperina, Aceituna.

Dolores óseos
Mora.
(Ver Afecciones óseas.)

Dolores Reumáticos
Ver Reumatismo.

Eczemas
Lechuga, Tomate, Zanahoria, Frambuesa, Uva, Aloe, Bolsa del Pastor, Salsaparrilla, Siete sangrías, Milenrama.
(Ver Dermatosis.)

Edema de Párpados
Perejil.

Edemas
Lechuga, Perejil, Aceituna, Banana, Membrillo, Arroz, Poroto.

Edemas reumáticos
Ver Reumatismo.

Elefantiasis
Cambá.

Enfermedad venérea
Bardana, Carqueja, Cascarilla, Salsaparrilla, Siete sangrías.

Enteritis
Aceituna, Granada, Ajenjo, Arroz, Lenteja, Brotes de Lino.
(Ver Afecciones intestinales.)

Enterocolitis
Nabo, Pepino, Almendra, Dátil, Higo, Manzana, Lenteja.
(Ver Afecciones intestinales.)

Epilepsia
Lechuga, Ajenjo, Mil hombres.

Epistaxis
Perejil.

Equimosis (hematoma)
Perejil, Membrillo, Paico.

Erisipela
Calabaza, Zanahoria, Aceituna, Frambuesa, Pasionaria, Sandía, Aloe, Verdolaga.

Erupciones cutáneas
Pepino, Rabanito, Zanahoria, Aceituna, Banana, Durazno, Bolsa de Pastor, Cascarilla, Brotes de Mostaza.
(Ver Dermatosis.)

Escoriaciones
Apio, Cebolla, Banana, Durazno, Higo, Manzana, Mora.
(Ver Dermatosis.)

Esputos Hemópticos
Ver Hemoptisis.

Escorbuto
Espinaca, Rábano, Caléndula, Verdolaga, Cebada.

Escoriaciones
Remolacha, Manzana, Girasol, Paico.

Espasmos musculares
Naranja, Paico.

Estomatitis
Albahaca, Rábano, Aceituna, Frambuesa, Granada, Grosella roja, Limón, Mango, Níspero, Nuez, Palta, Carqueja, Llantén, Manzanilla, Pimienta.

Estranguria
Aceituna.
(Ver Afecciones de las vías urinarias.)

Excitación Nerviosa
Ver Ansiedad.

Faringitis
Albahaca, Tomate, Aceituna, Ananá, Damasco, Granada, Grosella negra, Grosella roja, Higo, Manzana, Carqueja, Llantén, Pimienta.

Fiebres
Ver Afecciones febriles.

Fiebres Intermitentes
Ajo, Perejil, Llantén, Mil hombres, Siete sangrías.

Fiebre tifoidea
Ajo, Higo, Melón.

Flatulencia
Jengibre, Menta-peperina, Perejil, Pimiento, Rábano, Zanahoria, Lima, Palta, Sandía, Ajenjo, Albahaca, Azafrán, Boldo, Manzanilla, Menta, Milenrama, Poroto.

Fracturas Oseas
Consuelda, Contra yerba.

Forúnculo
Acelga, Berenjena, Batata, Calabaza, Cebolla, Espinaca, Tomate, Dulcamara, Siete sangrías, Centeno, Garbanzo.
(Ver Dermatosis.)

Gases intestinales
Ver Flatulencia.

Gastralgia
Lechuga, Caqui, Grosella negra, Azafrán, Marcela, Mil hombres.
(Ver Afecciones gástricas.)

Gastritis
Lechuga, Aceituna, Banana, Caqui, Granada, Mamón, Ajenjo, Consuelda, Contra yerba, Arroz, Brotes de Lino.

Gastroenteritis
Guayaba, Limón, Uva, Arroz, Lenteja, Brotes de Lino.
(Ver Afecciones gástricas y Afecciones intestinales.)

Gingivitis
Albahaca, Rábano, Aceituna, Frambuesa, Granada, Grosella roja, Mango, Mora, Palta, Berro, Manzanilla, Carqueja, Llantén, Pimiento.

Glositis
Granada, Mora.

Gota
Berenjena, Cebolla, Espárrago, Lechuga, Mostaza, Pepino, Rabanito, Repollo, Tomate, Zanahoria, Aceituna, Banana, Cereza, Ciruela, Dátil, Durazno, Frutilla, Grosella negra, Grosella roja, Limón, Mandarina, Manzana, Melón, Nuez, Mora, Palta, Pasionaria, Sandía, Uva, Bardana, Carqueja, Eucalipto, Llantén, Salsaparrilla, Zarzaparrilla, Avena.

Gripe
Albahaca, Cebolla, Lechuga, Limón, Eucalipto, Suico.
(Ver Afecciones de las vías respiratorias.)

Hematuria
Mamón, Consuelda, Girasol.
(Ver Afecciones renales y Afecciones de las vías urinarias.)

Hemofilia
Espinaca.

Hemoptisis
Escarola, Grosella negra, Membrillo, Diente de León, Girasol.

Hemorragia Nasal
Ver Epistaxis.

Hemorragias
Perejil, Durazno, Níspero, Consuelda, Milenrama.

Hemorragias Uterinas
Guayaba.

Hemorroides
Alcaucil, Escarola, Lechuga, Nabo, Repollo, Tomate, Banana, Ciruela, Frambuesa, Granada, Membrillo, Pasionaria, Uva, Aloe, Consuelda, Diente de León, Manzanilla, Milenrama, Pimienta, Yerba carnicera, Maíz.

Hepatitis
Alcaucil, Apio, Remolacha, Frutilla, Melón, Berro, Boldo, Consuelda, Cerrajas.
(Ver Afecciones hepáticas.)

Heridas
Acelga, Espinaca, Perejil, Tomate, Cajú, Frambuesa, Frutilla, Grosella roja, Limón, Nuez, Albahaca, Ambay, Alce, Berro, Bolsa de Pastor, Caléndula, Carqueja, Cascarilla, Consuelda, Eucalipto, Girasol, Llantén, Manzanilla, Milenrama, Romero, Sarsaparrilla, Siete sangrías, Verdolaga, Yerba carnicera.
(Ver Dermatosis.)

Herpes
Berenjena, Durazno.

Hidropesía
Ambay, Carqueja, Menta, Perejil, Garbanzo, Maíz.

Hiperacidez Gástrica
Coliflor, Nabo, Papa, Almendra, Lima, Limón, Manzana, Verdolaga.
(Ver Afecciones gástricas.)

Hiperclorhidria
Ver Hiperacidez gástrica.

Hipercolesterolemia
Brotes de Poroto mung (Moyashi), Brotes de Soja.

Hipertensión Arterial
Ajo, Espinaca, Aceitunas, Durazno, Limón, Pera, Sandía, Siete sangrías, Arroz.

Hipertrofia de las Amígdalas
Granada, Grosella negra, Grosella roja.
(Ver Amigdalitis.)

Hipoclorhidria
Ajenjo.
(Ver Afecciones gástricas.)

Hipocondria
Lechuga.

Hipoproteinemia
Castaña del Para.

Hipotensión
Higos, Brotes de Trigo.

Hipotiroidismo
Berro.

Hipotonía
Salsaparrilla.

Hipotrofia Muscular
Salsaparrilla.

Ictericia
Caléndula, Carqueja.
(Ver Afecciones hepáticas y Hepatitis.)

Inapetencia
Zanahoria, Grosella negra, Ajenjo, Boldo, Manzanilla, Marcela, Mil hombres, Salsaparrilla, Suico, Brotes de Berro.

Incontinencia urinaria
Guayaba.
(Ver Afecciones en las vías urinarias.)

Indigestión
Ver Dispepsia.

Infarto Glandular
Cerrajas.

Infarto del Miocardio
Cebolla.
(Ver Afecciones cardíacas.)

Infecciones crónicas
Bolsa del Pastor.
(Ver Dermatosis.)

Inflamaciones cutáneas
Ver Dermatosis.

Inflamaciones glandulares
Brotes de Lenteja.

Inflamaciones oculares
Ver Conjuntivitis.

Insomnio
Ajo, Berenjena, Cebolla, Lechuga, Caqui, Dátil, Naranja, Pasionaria, Boldo, Manzanilla, Menta, Paico, Avena.

Intoxicaciones
Ajenjo, Bolsa de Pastor, Consuelda, Llantén, Cebada, Brotes de Berro, Brotes de Poroto Moyashi, Brotes de Rúcula.

Irritabilidad
Brócoli, Lechuga, Caqui, Pasionaria, Girasol, Paico.
(Ver Ansiedad.)

Laringitis
Apio, Menta-peperina, Pepino, Perejil, Rábano, Zanahoria, Mamón, Mora, Níspero.

Lepra
Carqueja.

Leucorrea
Aceituna, Granada, Lima, Nuez.

Linfatismo
Espinaca.

Lipoma
Mandarina.

Litiasis biliar
Ver Colelitiasis.

Litiasis Renal
Ver Nefrolitiasis.

Litiasis Vesical
Ajo, Alcaucil, Papa, Remolacha, Zanahoria, Ananá, Almendra, Cereza, Frutilla, Mandarina, Pera, Uva, Azafrán, Bardana, Berro, Salsaparrilla, Maíz.

Metritis
Papa, Nuez.

Metrorragia
Acelga, Calabaza, Granada, Higo.

Micosis
Papa, Mil hombres.
(Ver Dermatosis.)

Náuseas
Caqui, Palta, Brotes de Calabaza.

Nefritis
Ajo, Alcaucil, Apio, Berenjena, Lechuga, Perejil, Tomate, Ananá, Banana, Cereza, Ciruela, Coco, Dátil, Limón, Melón, Uva, Bardana, Eucalipto.
(Ver Afecciones renales.)

Nefrolitiasis
Ajo, Alcaucil, Cebolla, Lechuga, Rábano, Zanahoria, Ananá, Almendra, Cereza, Grosella roja, Higo, Limón, Mandarina, Manzana, Melón, Pera, Uva, Azafrán, Bardana, Berro, Salsaparrilla, Maíz.

Neumonía
Calabaza, Mostaza, Almendra, Banana, Manzana.
(Ver Afecciones de las vías respiratorias.)

Neuritis
Lima.

Neuroma
Mandarina.

Neuralgias
Jengibre, Lechuga, Papa, Perejil, Repollo, Almendra, Banana, Durazno, Membrillo, Palta, Eucalipto, Girasol, Verdolaga, Poroto.

Obstrucción Intestinal
Acelga, Berenjena, Calabaza, Cebolla, Coliflor, Nabo, Remolacha, Tomate, Zanahoria, Aceituna, Ananá, Banana, Caqui, Ciruela, Durazno, Mamón, Melón, Mora, Naranja, Nuez, Palta, Pera, Uva, Boldo, Mil hombres, Avena, Maíz, Brotes de Avena, Brotes de Lino, Brotes de Rúcula.

Odontalgia
Cebolla, Nabo, Repollo, Higo.

Oliguria
Ambay, Dulcamara, Salsaparrilla, Yerba carnicera, Maíz.
(Ver Afecciones de las vías urinarias.)

Orquitis
Dulcamara, Mil hombres.

Osteoma
Mandarina.

Osteomalacia
Nabo, Limón.

Otalgia
Ajo.

Otitis
Calabaza.

Ovaritis
Papa.

Palpitaciones cardíacas
Espárrago, Lechuga, Menta-peperina, Almendras, Lima, Manzana, Paico, Siete sangrías.
(Ver Afecciones cardíacas.)

Panadizo
Zanahoria.
(Ver Dermatosis.)

Parálisis
Mostaza.

Parasitosis
Cebolla, Menta-peperina, Rabanito, Zanahoria, Aceituna, Almendra, Coco, Durazno, Granada, Higo, Mamón, Mora, Ajenjo, Berro, Carqueja, Paico, Suico, Verdolaga, Yerba carnicera, Brotes de Calabaza.

Parkinson (Enfermedad de)
Ambay.

Parotiditis-Epidemia
Llantén, Lenteja, Brotes de Lenteja.

Pelagra
Lima.
(Ver Avitaminosis.)

Picadura de víbora
Cascarilla, Contra yerba, Mil hombres.

Picadura de insecto
Cebolla, Perejil, Tomate.

Pielitis
Bardana.
(Ver Afecciones renales y vías urinarias.)

Pielonefritis
Berenjena, Pera, Bardana.
(Ver Afecciones renales y urinarias.)

Piorrea
Limón, Diente de León.

Pirosis
Ver Hiperacidez gástrica.

Pleuresía
Mora.
(Ver Afecciones de las vías respiratorias.)

Polineuritis
Tomate.

Pólipos
Caléndula.

Poliuria
Cambá.

Prostatitis
Alcaucil, Papa, Ananá.

Psoriasis
Zanahoria.
(Ver Dermatosis.)

Quemaduras
Acelga, Berenjena, Calabaza, Papa, Zanahoria, Aceituna, Banana, Aloe, Verdolaga, Consuelda, Milenrama, Brotes de Sésamo.

Raquitismo
Tomate, Lima, Limón, Nuez.

Resfríos
Cebolla, Rabanito, Limón, Naranja, Albahaca, Girasol, Suico.
(Ver Afecciones de las vías respiratorias.)

Retención de Orina
Dulcamara
(Ver Afecciones en las vías urinarias.)

Rectitis
Banana.
(Ver Afecciones intestinales.)

Reumatismo
Ajo, Berenjena, Cebolla, Jengibre, Lechuga, Mandioca, Mostaza, Papa, Pepino, Rabanito, Rábano, Remolacha, Repollo, Tomate, Zanahoria, Aceituna, Cajú, Cereza, Durazno, Frambuesa, Grosella negra, Grosella roja, Manzana, Mora, Palta, Sandía, Ajenjo, Bardana, Bolsa de Pastor, Carqueja, Cascarilla, Consuelda, Eucalipto, Helecho, Llantén, Romero, Salsaparrilla, Siete sangrías, Suico, Zarzaparrilla, Poroto, Brotes de Alfalfa, Brotes de Sésamo.
(Ver Artritis.)

Rinitis
Eucalipto.

Ronquera
Jengibre, Albahaca, Eucalipto.

Sarna
Aceitunas, Mil hombres.
(Ver Dermatosis.)

Sífilis
Bardana, Bolsa de Pastor.
(Ver Enfermedades venéreas.)

Sinusitis
Eucalipto.

Taquicardia
(Ver Afecciones cardíacas.)

Teniasis
Melón, Brotes de Calabaza.

Tos
Albahaca, Jengibre, Lechuga, Menta-peperina, Papa, Remolacha, Coco, Mora, Ambay, Azafrán, Eucalipto, Helecho, Llantén, Menta, Romero, Suico.
(Ver Afecciones de las vías respiratorias.)

Traqueítis
Jengibre, Zanahoria, Coco, Dátil, Mango, Mamón, Uva, Llantén.

Traqueobronquitis
Cebolla.
(Ver Afecciones de las vías respiratorias.)

Tuberculosis ósea
Nuez.

Tuberculosis Pulmonar
Ajo, Mostaza, Repollo, Tomate, Aceituna, Banana, Caqui, Dátil, Durazno, Guayaba, Limón, Manzana, Nuez, Uva, Consuelda, Eucalipto, Helecho.

Ulcera
Ajo, Apio, Cebolla, Perejil, Tomate, Zanahoria, Banana, Cajú, Frambuesa, Frutilla, Grosella, Limón, Mora, Nuez, Albahaca, Berro, Bolsa de Pastor, Caléndula, Carqueja, Cascarilla, Consuelda, Eucalipto, Girasol, Llantén, Manzanilla, Milenrama, Romero, Salsaparrilla, Siete sangrías. Yerba carnicera.
(Ver Dermatosis.)

Ulcera Duodenal
Papa, Zanahoria, Caléndula, Consuelda.

Ulcera Gástrica
Papa, Repollo, Zanahoria, Almendra, Coco, Lima, Caléndula.
(Ver Afecciones gástricas e Hiperacidez gástrica.)

Uremia
Membrillo, Maíz.

Uretritis
Alcaucil, Berenjena, Calabaza, Lechuga, Almendras, Ananá, Coco, Dátil, Manzana, Melón, Sandía, Albahaca, Carqueja, Cascarilla, Salsaparrilla.
(Ver Afecciones de las vías urinarias.)

Urticaria
Bolsa de Pastor, Cascarilla, Dulcamara, Salsaparrilla.
(Ver Dermatosis.)

Vaginitis
Grosella roja.

Várices
Lechuga.

Verrugas
Cajú, Ambay, Caléndula.
(Ver Dermatosis.)

Vómitos
Albahaca, Espárrago, Menta-peperina, Caqui, Membrillo, Brotes de Calabaza.

Xeroftalmia
Zanahoria.

INDICE

Prefacio 5

Primera Parte
HORTALIZAS 7

Segunda Parte
FRUTAS 47

Tercera Parte
HIERBAS MEDICINALES 91

Cuarta Parte
CEREALES INTEGRALES Y LEGUMINOSAS 147

Quinta Parte
SEMILLAS GERMINADAS (BROTES) 161

Sexta Parte
INFORMACIONES COMPLEMENTARIAS 197
GLOSARIO 207

Séptima Parte
RELACION DE PROPIEDADES TERAPEUTICAS
   Y PLANTAS CORRESPONDIENTES 213
RELACION DE PLANTAS INDICADAS
   EN CASOS ESPECIFICOS 226